今からはじめれば、

よゆうで1億ためられます！

八木エミリー
Emily Yagi

ビジネス社

はじめに

はじめまして！　八木エミリーです。

この本を手に取ってくださり、ありがとうございます。

あなたは今、投資でお金儲けをしたいと考えているんですよね。

新型コロナウイルスの影響で経済の先行きが暗そうだけれど、こんなときに投資を始めて儲けられるの？

そんなふうに思っているかもしれません。

でも、大丈夫です。**私がお教えするのは、どんな不況にも負けない投資法です。この本の通りに実践していけば、誰でも余裕で1億円くらいの資産はつくれます！**

その詳しい方法については後で説明するとして、まずは私の自己紹介をさせてください。

私は証券会社に入社し営業として働く傍ら、個人でも株式や不動産投資の勉強を始め、20代でマンション6棟を購入。現在は総資産7・5億円、家賃収入年間約700万円を実現しました。今は独立系のファイナンシャルアドバイザーとしてお客様の資産形成のお手伝いをしたり、オンラインサロン「em会」で株や不動産などの投資教育をしたりしています。

こう書くと、「もしかして不動産投資の本なの?」と思われたかもしれません。違います。

不動産だけではなく、積み立てのことも個別株のことも説明しています。

なぜか。

これからの資産形成にはすべてが必要だからです!

私がこの本を書こうと思い立った理由は、私と同世代の人たちが〝やられている〟と知ったことでした。お金の知識がないために怪しいセミナーや投資話に引っかかり、泣きを見ている若者たちがなんと多いことか。

実はマネー本を書いている人や、セミナーをやっている人たちの中には、お金のことをよく知らない人や、実際はほとんどお金を持っていない人もたくさんいます。

それでもマーケティングやプロモーションが非常にうまく、話術も巧みなので、外からはどうしてもキラキラ見えてしまうんですよね。そういう人たちは演出がとても上手なのです。

結果、何も知らない若者たちが次々と引き寄せられ、何もできるようにならないセミナーや、詐欺まがいの投資に大金を払い、搾取《さくしゅ》されてしまうのです。

もう、こんなよくない状態を放置しておくわけにはいきません。

ひとりでも多くの人に金融リテラシーを持ってもらい、自分に必要なお金を自分でつくれるようになってもらいたい！

そんな思いから、**私が持っている投資の技術を1冊にまとめることにしました。**

本書は大学生だった私が30歳になるまでのストーリーに、資産形成の道のりを乗せてお伝えしています。

今でこそ「総資産7・5億円」などと言っていますが（26歳で投資を始めて3年で6億の資産をつくり、現在では7・5億になりました）、最初は貧乏でしたし、「宵越しの金は持たねえ！」とばかりに使い切っていました。

騙されたり、ナメられたり、手痛い失敗も、悔しい思いもたくさんしてきました。

こうした経験を振り返りながら、投資において絶対に知っておくべき金利を学び（第1章）、積み立て投資（第2章）から始まって、個別株（第3章）、不動産投資（第4章）で資産をコツコツと増やしてきました。

そして投資の意味・意義を知り（第5章）、投資家としてのマインドを身に付けてきたのです（第6章）。


私が株式も積み立て投資も不動産もやってきたのは、自分の能力や時代によってふさわしい投資法があり、バブルが再来しないとわかっている以上、その時々の時流や環境に合わせて最適なものを使い分ける必要があったからです。

これがはじめに書いた、「資産形成にはすべてが必要」という意味です。


世の中にあふれている投資の本は、「不動産」「積み立て」「個別株」など、ワンテーマでそれぞれの専門家が書いています。なので、「1冊で本当にいくつものテーマを理解できるの？」と思うかもしれません。

ご安心ください。

それぞれの投資法のエッセンスを凝縮し、わかりやすく書きました。

気になる章から読んでいただいてもかまいませんが、できればぜひ第1章から順に読み進めてください。投資に対する偏見や不安がなくなり、自分にはどの投資法が合うのか、今ならどんな投資をすればいいのか、理解しやすいはずです。


資産形成は、早く始めるほど有利です。

だからあなたも、今すぐ投資について学び、実践していただきたいのです。

お金があれば、あなたの可能性が広がっていきます。

そして社会を変えていくこともできるのです。

この1冊を通じて、あなたの人生をより豊かなものにするお手伝いができれば嬉しく思います。

八木エミリー

目次

第1章 収入のすべてを使い切っていた時代

第2章
どんなときもドルコストは負けない

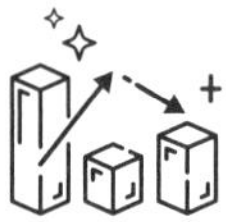

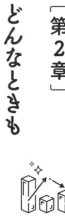

第3章 株は思惑で買って現実で売る

第4章 ついに念願のマンション1棟買い!

〔第5章〕

長いものに巻かれた者が勝つ

第6章 お金持ちのマインドをつくる

第1章

収入のすべてを使い切っていた時代

証券会社に就職した私は、
「お金を貯める」なんて発想はゼロ。
毎月のお給料をきれいに使い切っていました。
でも、28歳の先輩社員が
3000万円も持っていると知り、
その秘密を教えてもらうことに……。

お嬢様大学で月3万円の極貧生活

金利って本気でやばい……。

私が金利の恐ろしさと魅力を知ったのは、大学生のときです。

当時、実家のある愛知県から上京し、新宿区でひとり暮らしをしていました。

「お嬢様学校」と呼ばれる女子大に進学し、理学部で放射線物理科学を学ぶ傍ら、サークル活動に明け暮れる日々。

渋谷からサークルのある駒場東大前まで歩きながら、

「自分は今、東京にいるんだ！　すべてのチャンスがここにある！」

と希望に胸をときめかせていたことを思い出します。

しかし。

一方で、仕送りから家賃を引いた3万円で生活しなければならないという、超極貧生活を送っていました。

その3万円も、ダンスサークルに入っていたのでレッスン代や衣装代、チケット代に消え、1週間を千円で暮らすなんて当たり前。

居酒屋、コンビニなど常に5~6個のアルバイトを掛け持ちし、バレンタインデーはチョコレート、クリスマスにはケーキを売りました。

大学の授業は真面目に受けていたので、試験前に千円でノートをコピーさせてあげたこともあります。

交通費を節約するために回数券を買って1回分の切符代を浮かせ、片道30分なら歩いていました。

そんな極貧の私を見かねて、友だちがアルバイト先から廃棄になるサンドイッチをもらってきてくれたこともあります。

実家は特に裕福だったわけではありませんが、子どもの頃から「やりたい!」と言った習い事は全部やらせてもらえたし、美味しい食事もたくさん食べさせてもらえていました。両親から「満たされている」という感覚で育ててもらったので、「足りない」という経験をしたことがありませんでした。

お金がないと、こんなに焦るんだな。

この時期に経済的な余裕を持つことの大切さを痛感したことが、今日の私の投資活動に大きく影響しています。

iPadのリボ払いが終わらない！

そんな希望と極貧の日々の中、私はどうしてもiPadが欲しくなってしまったのです。

お値段は忘れもしない8万円でした。

当然手元に現金はありません。貯金もありません。

しかし「リボ払い」という便利な支払方法があると知り、それなら私でも月々返せると思いました。

よーし、買っちゃえ！

夢にまで見たiPadを手にし、私はなんだか最先端の人になったような気がしてとても嬉しかったです。

ところが、まったく予想もしなかった問題が待ち受けていました。

月々数千円の返済額が、毎月3万円で暮らしている私の家計を圧迫し始めたのです。

さらに、支払った額の合計がとっくに8万円を超えているはずなのに、いつまでたっても返済が終わりません。


そもそもリボ払い（リボルビング払い）とは、クレジットカードの利用金額にかかわらず、毎月決まった金額と手数料を支払う方法のこと。

毎月の返済金額は数千円から設定でき、高額商品を買っても月々の金額を少なく抑えられる反面、金利を含めた手数料が15％前後とバカ高い！

しかも元金がなかなか減らず、延々と支払い続けさせられることになるのです。


返済を続けて1年以上たったとき、私もさすがに「これはおかしい」と思いました。

毎月届く通知を改めて見直したところ、月々支払う金利がとてつもなく大きく、元金はあまり減っていかないことに気付きました。

私、貧乏なくせに、払わなくてもいいお金をこんなに払っていたんだ……。

そのときの衝撃を今でも忘れることができません。

すぐさま繰り上げ返済をすることにし、有り金を注ぎ込んでなんとか2回に分けて完済しました。

◉――金利という存在に気付く

この痛い経験が、私にいくつかのことを教えてくれました。
まず**「リボ払いには絶対に手を出してはいけない」**ということ。金利はまったくのムダ金です。クレジットカード会社にとってリボ払いほどおいしい商売はないんです！　リボ払いについては改めて20ページで詳しく説明しますから、ぜひ読んでくださいね。
そして**「金利は払うものではなく受け取るものだ」**ということ。「金利」とは人のお金を使わせてもらう使用料です。
リボ払いでは金利を支払う側だったのでどんどんお金が出ていってしまいましたが、逆に金利をもらえる側に立てば、うまくお金が増やせることに気付きました。

そして思いついたのが、「金利を利用して稼いでいる金融業って、もしかして最強のビジネスなんじゃない？」ということでした。

お金持ちになる知識①

リボ払いは「悪魔の借金」

クレジットカードで買い物をした場合、「リボ払い」と似た言葉に「分割払い」があります。２つの違いをご存じですか？

リボ払いは、先にも述べた通り、カードの利用金額や件数にかかわらず毎月一定額を支払っていく方法です。支払い回数は決まっていません。金利を含めた手数料は毎月の利用残高に対して発生します。

リボ払いは月々の支払いが一定の割合に抑えられるものの、定期的な支払いが続き、残高がわかりにくくなります。また支払い期間が長くなりがちで金利がかさみ、その分、支払い総額も増えていきます。

一方、分割払いは、支払い回数を指定し、商品の代金を何回かに分けて支払っていく方法です。支払い回数はカード会社が決めた回数から選びます。金利は支払い回数や利用金額に応じて変動します。

あらかじめ支払い回数が決まっているので、いつ支払いが終わるのかがわかります。

このように、リボ払いは金利と手数料がかさむだけで、メリットなど何もないんです。

もちろん3回以上の分割払いもやめるべきです（2分割までは手数料がかからないことが多い）。

リボ払いも分割払いも、少額で買い物ができる支払い方法を装ってはいますが、結局は「避けるべき借金」。

分割払いとリボ払いの違い

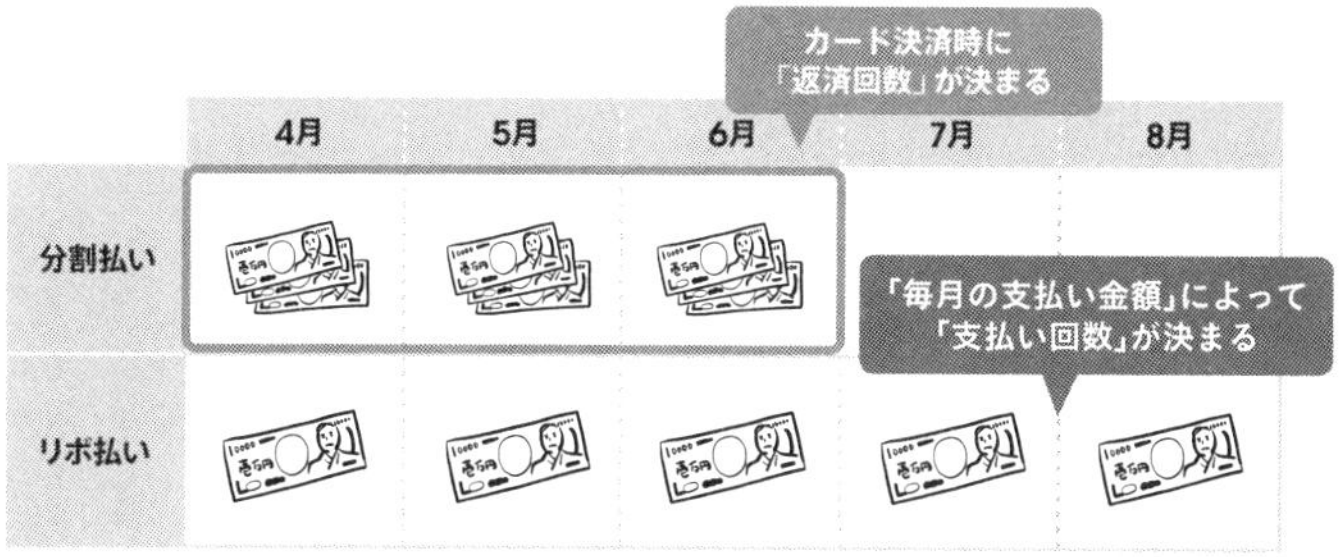

分割払いは、クレジットカードで決済するときに支払い回数（返済回数）が決まり、その回数に応じて1回の支払い金額が決まる。リボ払いは、毎月の支払い金額に応じて、支払い回数が決まる。

リボ払いの金利手数料の計算式

金利手数料 ＝ 利用残高 × 金利 × 利用日数 ÷ 365日

利用残高：支払いが進むごとに減る

利用日数：返済日翌日～次回返済日

リボ払いの利用例

利用日	2020年7月1日	返済日	毎月25日	初回返済日	2020年7月25日
利用額	100,000円	利率	15%	毎月の返済額	10,000円

支払	返済日	返済額	元金充当	利息	清算後残高
1回目	2020年7月25日	10,000円	8,750円	1,250円	91,250円
2回目	2020年8月25日	10,000円	8,860円	1,140円	82,390円
3回目	2020年9月25日	10,000円	8,971円	1,029円	73,419円
4回目	2020年10月25日	10,000円	9,083円	917円	64,336円
5回目	2020年11月25日	10,000円	9,196円	804円	55,140円
6回目	2020年12月25日	10,000円	9,311円	689円	45,829円
7回目	2021年1月25日	10,000円	9,428円	572円	36,401円
8回目	2021年2月25日	10,000円	9,545円	455円	26,856円
9回目	2021年3月25日	10,000円	9,665円	335円	17,191円
10回目	2021年4月25日	10,000円	9,786円	214円	7,405円
11回目	2020年5月25日	7,497円	7,405円	92円	0円

10万円の商品を1万円ずつのリボ払いで支払った例。利息や手数料を含めると、11回に分けて合計で10万7497円払わなければならない。

「金利」という名のムダなお金を吸い取られてしまいます。

リボ払いでお買い物をするくらいなら、そもそもそのお買い物は必要かどうか、もう一度考えてみたほうがよいでしょう。

借金については188ページで深掘りしていますから、そちらもお読みください。

リボ払いや分割払い、キャッシングなどをしている間は、まだ投資できる状態にありません。これらの借金をすべて返済し、身軽になってから、投資を始めましょう！

お金持ちになる知識❷

金利を味方につけてお金を増やそう

投資をするなら、金利に敏感になることは大事です。金利とは、簡単にいえば「お金の使用料」です。

景気がよいときは、人々の消費や企業の設備投資が活発になりますから、お金に対する需要が高まります。そのため、使用料を高くしてもお金が欲しいという人が

覚えておきたい投資の言葉

金利	お金を借りる側が、借りたお金に追加して支払う金額の割合
利子	お金を借りる側が、元本に追加して、貸してくれた側に支払うお金。貸し借りした金額に金利を掛けて計算される
利息	お金を貸した側が、借りた人から元本に追加して受け取るお金
利回り	投資したお金に対する利益全体の割合を、一定期間あたりの平均で示したもの。一般的に1年間あたりの利回りをいう

大勢いるので、金利が高くなります。

逆に景気が悪くなると、人々の消費や企業の設備投資が控えられ、お金に対する需要が低くなります。その結果、金利が低くなるというわけです。

私たちが銀行に預けたお金に利息がつくのは、銀行がそのお金を利用して企業に貸し付けたり、国債を運用したりしてお金を増やしているからです。その運用収益の中から、金利をつけて利息として私たちに払っています。

ただし、現在の銀行の預金金利はたったの0・001％！　普通預金口座に100万円を預けたとしても、1年間でつく利息はたったの10円にしかなりません。これではとてもじゃないけれど預貯金でお金が増えていくはずがないですよね。

なんとかして金利をうまく味方につけるにはどうしたらよいのでしょうか。

それは、「複利」で運用することです。

複利とは、運用で得た利益をさらに運用に回し、利息が利息を生むという方法です。

この複利のメリットを享受できる投資スタイルが「積み立て」です。第2章で詳しく説明しますから、ぜひ読んでくださいね！

たった2週間で就活が終わる

4年間の大学生活が終わると、私は実家のある愛知県で就職しました。

もともと祖父の創業した家業を継ごうと思っていました。卒業と同時に継ぐつもりでしたが、二代目社長である父が「まだ早い。3年間は修行して来い」と一言。それならと地元で就職をすることにしたのです。

ようやく就職活動を始めたのは大学3年生の3月でした。

まわりの友だちは1月から就活を始めていましたから、かなり遅いスタートです。

どうせ3年間働くなら、一番勉強になって一番自分が鍛えられる会社に入ろう。

数社にエントリーして最初に決まったのが、大手証券会社でした。

当時その証券会社は、最もハードな働き方をする会社として知られていました。

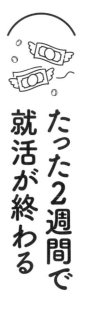

そんな厳しい環境で自分が働いて成長できれば、後々会社を継いでも、あるいは起業しても、絶対にやっていけるだろうと思いました。

もうひとつ魅力的だったのは、スピード感です。

他の企業の場合、面接を受けてから返事が来るまで数日かかるのに対し、そこは面接の翌日に返事が来ました。合否の連絡を待つのはけっこうなストレスです。それを回避してくれるなんていい会社だなと思いましたし、会社を継ぐにしても経済の知識は必須だと感じていたので、証券会社に即決しました。

そんなこんなで誰よりも遅く始めた私の就活は、結局誰よりも早く、たった2週間で終わってしまいました。

ただし肝心の父からは「え？　本当にそこでいいの？　お前つぶされないか？　もうちょっと就活を続けたら？」と心配されましたが……。

なぜ私の就活がうまくいったのか、今思えばいくつかポイントがあったと思います。

まず、まわりの人とリレーションを築くのが早いことです。

証券会社の営業として働くには、初対面の人ともフランクに話せて早く信頼関係をつくっていかなくてはいけません。

私はサークルやバイトなどを通して性別や年齢に関係なく、さまざまな人間関係を経験していたので、面接官ともフランクに話すことができました。

次に分析が得意だったこと。大学では研究室にこもって細かくデータを取り、分析することを繰り返していました。数字を見て状況を判断したり、未来を予測したりすることに慣れているとアピールしたことが、功を奏したのではないかと思います。

最後に地元愛です。私は総合職でしたが地域採用で転勤のない部門に応募し、最初の面接のときから「大好きな地元を活性化したい」と言い続けていました。

こうしたことがスピーディな採用につながったのではないかと思います。

ソルジャーは雨の日も風の日も自転車をこぐ

「ハード」とは聞いていましたが、いざ証券会社で働き始めると、待っていたのは想像をはるかに超えた世界でした。

入社してから1か月間の泊まり込み研修では、営業マナーを徹底的に叩き込まれました。

お客様とのやりとりのシミュレーションを全員の前で行い、教育担当者から厳しいダメ出しを受けて何度もやり直します。

この研修はいわば厳しくされることに耐性をつける訓練でもあり、辞める人はここで辞めていきます。

研修でふるいに掛けられてようやく試用期間に入ったと思ったら、配属された事業所でも唖然とすることが日常茶飯事で繰り広げられていました。

男性社員が「予算」という名の目標額が達成できなかった場合、殴られる、蹴られる、イスが飛んでくるのは当たり前。本当にイスが飛んでくるんですよ！　キャビネットも誰かの蹴りによってあちこちが凹んでいました。

加えて営業は常にスーツ着用で、若手は自転車移動が義務付けられていました。

こうしたハードな働き方から、その会社の社員は「ソルジャー（戦闘員）」と呼ばれていました。


もちろん私もソルジャーの一員として、暑かろうが寒かろうが、雨の日も雪の日も台風の日でも、毎日自転車をこいで得意先や新規顧客の開拓に回りました。

振り返ってみると、あのときの経験があったから、今強い自分でいられるのだと思います。おかげでちょっとくらいの困難があっても全然めげない鋼のメンタルになりました。

◉──楽しかった職場環境

私のいた証券会社は、仕事はすごく厳しいのですが、社員は愛社精神や会社の看板を背負うことへのプライドを強く持ち、人間関係もしっかりできていました。

私自身、先輩や上司に厳しくされてもそこには愛があると感じられたし、育てていただいているという感謝がありました。

実家にも戻り、お給料も入ってくるようになったのですが、私はお金を貯めるどころか相変わらず使い切っていました。その会社には伝統的に「経済を回せ！」という社風があったからです。

証券会社ですし、社員はお給料を堅実に投資に回していると思いますよね？　ところが入社して言われたことは、「車は外車を買え、女性にはおごれ、旅行に行け！」です。

実際に当時、先輩たちはベンツ、ポルシェ、ランドローバーと、いろいろな外車に乗っていました。週末には先輩の車に代わる代わる乗せてもらい、よくみんなでゴルフに行ったものです。

私も車が好きだったので、1年目にベンツを買いました。なんだかんだ言っても外車は乗り心地もアクセルの踏み心地も、ドアを閉めるときの重厚音も違います。もう日本車には乗れません。

また同期でご飯に行ったときでも、女性社員はお金を払うことはありませんでした。海外旅行にも何度も出かけ、経験など無形のものに対して自己投資をしていました。

断食道場で雑念を払しょく

仲がよくてしょっちゅう遊びに行く先輩たちの中に、上司にすごく可愛がられ、とびぬけて仕事ができるSさんという男性社員がいました。

「きっとこの人はスゴイ人なんだろうな」と素朴に尊敬していたら、お金をダントツに持っているということがわかりました。

実は銀行や証券会社の社員は、社内で検索すれば、自社の口座に誰がいくら持っているのかがわかります。お客様の口座の残高を見ることはできますし、社員の残高もやはりわかるのです。新入社員はこっそり先輩の口座をのぞき見るのが定番でした。

S先輩は当時28歳くらいで口座の残高が３０００万円ほどだったのです。

いったいなぜそんなに持っているんだろう……？

私は不思議でなりませんでした。

そんなある日。

1週間のリフレッシュ休暇でどこに旅行しようかと迷っていた私は、S先輩に相談してみることにしました。

「どこに行ったらいいと思いますか？」

「断食道場っていうのがあってね。俺はすごくよかったから君も行くといいよ」

実は私もストイックなことが大好き！

さっそくS先輩のアドバイスに従い、県内の断食道場に1週間まるまる籠ることにしました。何よりも断食をしていたらお金を使うことがありません。

そこはキリスト教系の断食道場だったので、朝みんなでお祈りをしたり、畑で農作業をしたりと、修行というよりも自由な時間が多い合宿のような感じでした。

断食をすると精神が研ぎ澄まされ、帰ったらあれをやってみよう、これをやってみようとアイディアがわいてきます。お客様へのアプローチの方法などをたくさん思いつき、収穫のある1週間でした。

休暇が明けてS先輩に「断食、すごくよかったです！」と報告したところ、「俺は誰かに聞かれるたびに、毎回、断食道場に行けって言うんだけど、誰も行かない。行ったのは君が初めてだ」

と言われました。そこから気が合って、お金の話を聞かせてもらえるようになりました。

私が知りたかったのは、S先輩がなぜそんなにお金持ちなのかということです。「宵越しの金は持たない」という社風の中で、彼もベンツに乗っていたし、ロレックスの腕時計もしていました。

先輩は「ロレックスの中でもこのモデルは今まで値下がりしたことがない。ベンツもこの型は値崩れしないんだよ」と教えてくれました。

ロレックスもベンツも、実際に買ったときよりも現在の価格はかなり上昇しています。**S先輩は何かを買うとき、「それが資産になるかどうか」を意識している**ということがわかりました。

お金持ちになる知識③

「複利72の法則」

自分が運用しているお金がいつ2倍になるのかがわかる計算式があります。それを「72の法則」といいます。

計算は簡単です。「72÷金利＝お金が2倍になる年数」です。

例えば、1000万を仮に7％で運用したとしましょう。

式にあてはめると72÷7≒10となり、およそ10年間で1000万が2000万円になることがわかります。

3％で運用しているなら、72÷3で、24年もかかります。

何で運用しようかと考えるとき、ぜひこの「72の法則」を使って、自分が何％で運用して、それが倍になるには何年かかるのかを認識してください。

ちなみに、銀行の金利でしか運用していないなら72÷0・001なので7万2000年かかります。

銀行に預けっぱなしにしておくなんて、まったく話にならないことがおわかりいただけますよね？

実は日本は今、どんどんインフレが進行しているところです。

2013年に安倍政権が始まったとき、2％のインフレ目標を掲げました。その後の7年間で、「頻繁に購入する品目（月に2回以上購入する品目）」は8・6％、肉類は19・3％、魚介類は32・1％、野菜・海藻は18・7％、果物は24・2％も価格が上昇しています。

ただ、「ステルスインフレ」といって、パッケージなどの見た目と価格は同じまま、実は内容量が減らされるなどの対応が取られているため、私たちはインフレになっていることに気付きにくいんですよね。

また、2019年には消費税が8％から10％へ、2％上がっています。

銀行にただお金を預けておくことは、資産を守ることではなく、あなたの資産が勝手に目減りすることをただ黙って見ていることと同じです。

金利の恐ろしさを知り、さらに証券会社に入って仕事をする中で「現金はハイリスク・ノーリターン」だと確信しました。

もっというと、貯蓄は経済を回すことにもなりません。社会のためにも自分のためにもならないのが、貯蓄なのです。

すべての人が投資をするべき理由が、ここにあります。

預金ではお金が目減りする

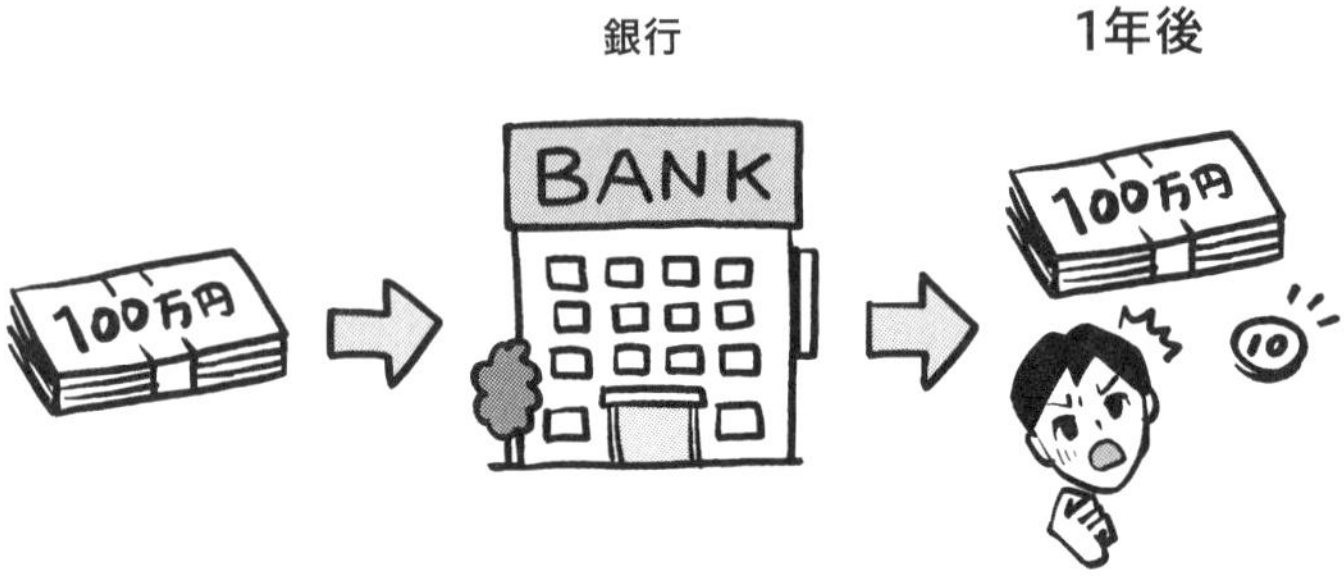

100万円を銀行の普通預金に預けても金利が0.001%なので、1年後の利子はたった10円しかつかない。

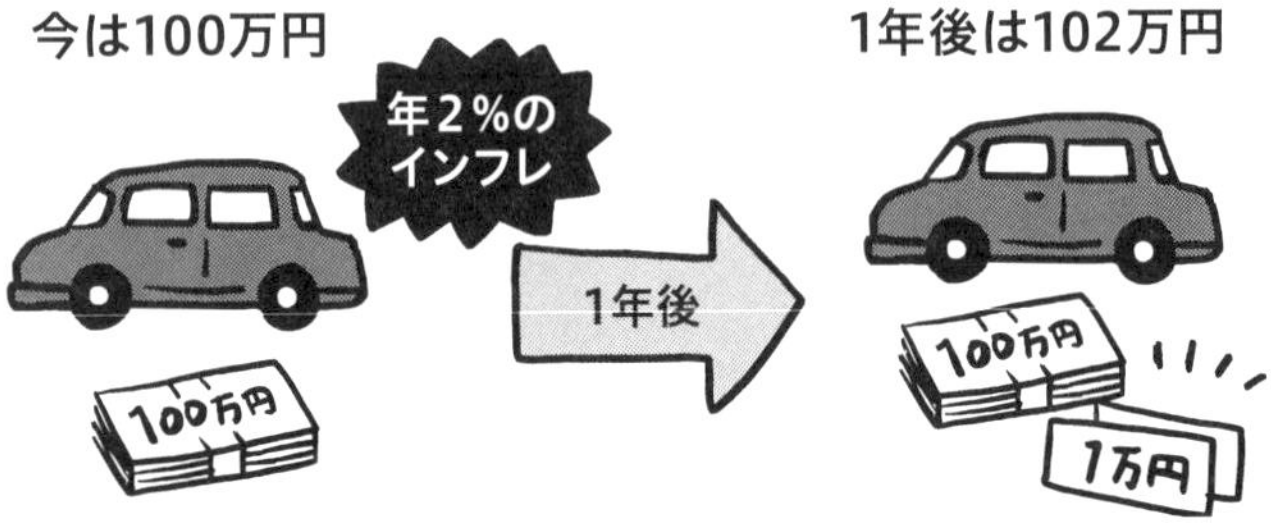

現在は年2%程度のインフレが進んでいる。つまり、今は100万円で買える車があるとすると、1年後には102万円になっているということ。100万円の現金を持っていても運用しなければ、その価値が目減りしていくだけ。

ついに仕事で成績が大爆発！

入社して10か月、ソルジャー1年目の2月に、私の成績が突然大爆発しました。

初年度は個人別の「予算」が割り当てられないので1万円でも売れたら「よくやった」と褒められます。そこを私は、１か月でいきなり１２０万円も達成したんです！

コツコツ積み上げてきたものがドーンと来た！　と思いました。


では、何を積み上げていたのかというと。

ひとつは、すべてのお客様をちゃんとフォローしたことです。

自分で開拓したお客様や、先輩が担当し切れずに回してもらったお客様に対して何かアプローチをしても、リアクションがないとそこであきらめてしまう人が多いのです。でも私は、取りこぼしなく顔を出し続けました。

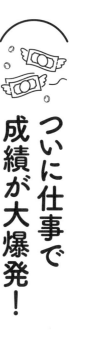

お客様の中にはリタイア世代の人も多く、「近くまで来たので、また寄っちゃいました！」という感じで何度も顔を出すうちにだんだん可愛がってくれるようになり、私の話に真剣に耳を傾けていただけるようになりました。

2つ目は達人の営業スタイルを完全コピーしたことです。

社内では社員向けの勉強用動画が充実していたので、私は土日にその動画を見まくりました。しかもただ見るだけではなく、文字起こしをして台詞を覚え、一連のロールプレイングが完璧にできるようになるまで練習しました。

資料も読み込み、「このことは何ページのココに書いてある」と暗記しました。

実は私が完コピした動画の講師は、当時の事業部長でした。

エースのワザを完全にインストールしたのですから、契約件数が上がって当たり前です。

ただ、立場がある人に特有の圧がある話し方まで乗り移ってきてしまい、「さすがにそれはダメ！」と上司から注意されたほどでした。

私があまりにも事業部長にそっくりになったため、それまでは部長がやっていたセミナーを、なんと新人の私にも任されることになりました。

当時最年少でセミナー講師になったというのは異例中の異例で話題になりました。

私のセミナーは社内用の勉強動画に加わりました。動画でのロープレは私のオリジナルです。

ソルジャーとして働きながら、私は仕事に手ごたえを感じ、少しずつ自信をつけていきました。

お金持ちになる知識④

保険は「最低限」でOK

「保険はどうしていますか？」と聞かれることも多いので、ここで簡単に説明しておきます。

生命保険は必要ですが、私は必要以上に掛けなくていいと思っています。

なぜなら、やっぱり金利の問題です。

今の終身保険の仕組みは、毎月一定の掛け金を数十年間保険会社に納め、60歳ぐらいになったときに「110％で返ってきます」的な流れになっていることがあります。

これで儲かるのは保険会社だけです。

保険会社にはたくさんの人からたくさんのお金が集まるので、自由に運用して増やしていけます。しかし保険を掛けた人が老後を迎えたとき、当初約束されていたお金が支払われても、数十年の間に世の中のインフレが進んでいるから、たとえ110％で返ってきても、その価値は目減りしています。

だから無理して必要以上に保険を掛けても意味がありません。

それよりも自分が投資をして、インフレ率と同じ程度に資産を増やしていったほうがいいし、保険会社に払う手数料も省けます。

私が現在掛けている保険も、最低限の生命保険とマンションのローン返済のための団体信用生命保険です。

医療保険については、日本は高額療養費制度があるので、健康保険を持っていれば医療費を最大払ったとしても8万円ほどです。なので、特殊な治療を受けたいという希望がない限り、こちらも最低限で大丈夫だと考えています。

20年で10%の利子がついても得をしない！

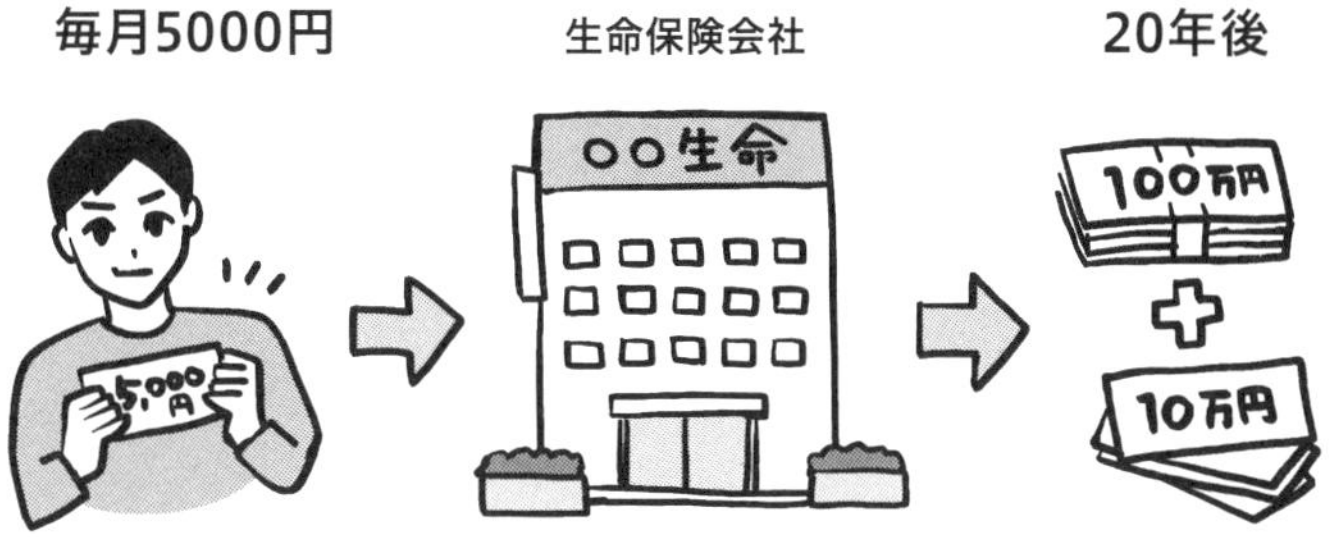

毎月5000円ずつ支払うと、20年満期で110万円になって戻ってくる生命保険に加入したとする。一見、トクするように見える。

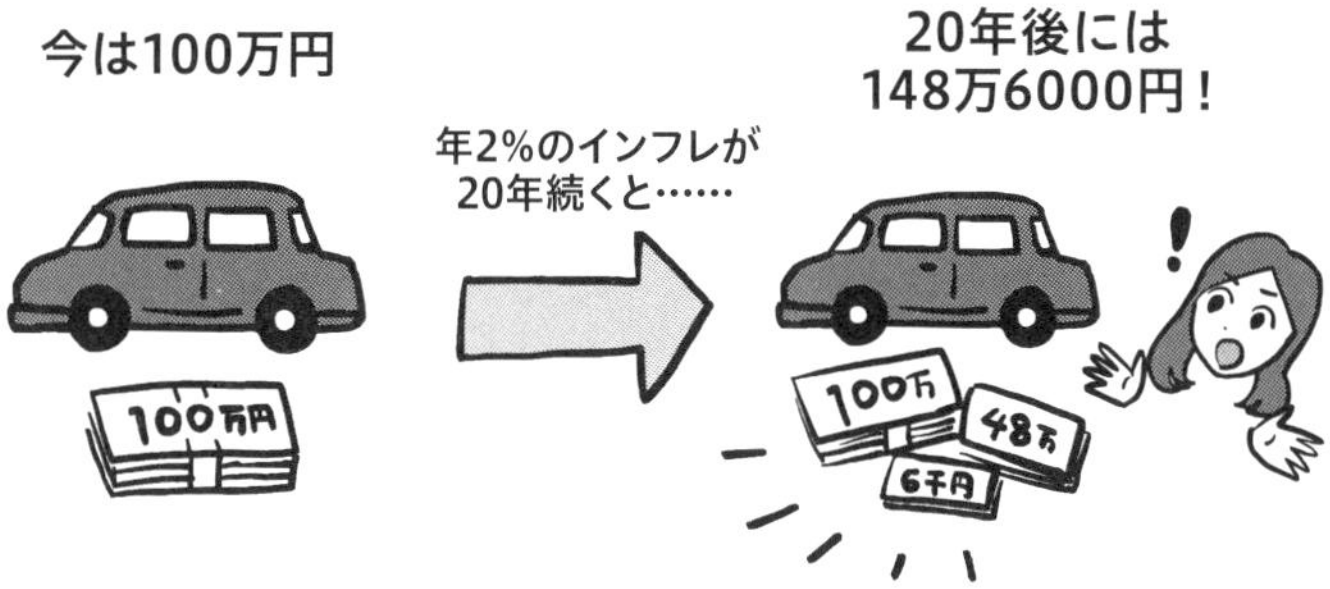

今は100万円で買える車があるとする。今後20年間、年2%でインフレが進むと、20年後の車の価格は148万6000円になる。インフレでお金の価値が下がるため、20年で10%程度の金利では、さほどトクしないのがわかる。

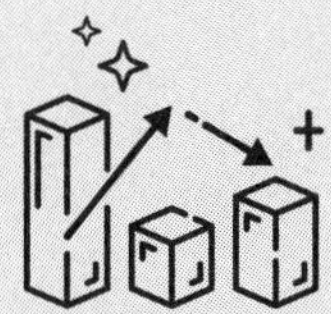

第2章

どんなときも ドルコストは負けない

「投資に回す余裕なんてない!」と言う人がいます。

でも、少しずつでも大丈夫。

こつこつ積み立てることが、実は最強の投資法なのです。

景気が変動してもあわてず地道に続ければ、

最後には勝てますよ!

持株会スタート！ またしても貧乏生活へ

仕事で急成長した私は、一方で着々と資産を増やしつつありました。何をしていたのかというと、「持株会」です。

持株会とは、従業員持株会のことで、民法に基づいて設立される組合です。有志の従業員が参加して、その給与や賞与から天引きしたお金を持株会がまとめ、自社株を購入するシステム。社員の資産形成を支援することを目的としています。

私が持株会に参加しようと思ったきっかけは、例のS先輩から「君もちゃんと持株会をやったほうがいいよ」とアドバイスされたことです。

「経済を回せ！」という社風の中、有り金を使い切ることに何の疑問も持たずに過ごしていた私でしたが、先輩の話を聞いて貯金がまったくできていないことに危機感を募らせ、即真似をすることにしたのでした。

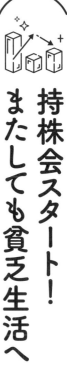

私がいた証券会社の場合、持株会に投資できる金額は最高で月に10万円。ここで少しずつ積み立てていっても資産を築くにはかなり時間がかかるので、思い切って月々10万円を投入することにしました。さらにボーナスから80万円ほど追加することにし、年間で200万円の持株購入を始めたのです。

当時、私の手取りは毎月約16万円でしたから、持株会の天引きを引くと残りはたったの6万円。働いているというのに、自由になるお金は学生時代の倍しかありませんでした。しかもアルバイトができません。

ただ、実家だったので家賃、光熱費、日用品代はかかりませんでした。お金を使うのは、実家に入れる食費やランチ代、洋服、化粧品代くらいです。

それでも6万円でやっていくのはけっこう大変でした。

無謀とも思える年間200万円の投資に踏み切ったとき、私が考えていたのは「今を取るか、未来を取るか」ということです。

このまま好き放題の暮らしをしていたら将来は貧乏になるし、**今頑張れば将来は豊かになれる。それなら今は我慢しよう。**

そのときは特に目標とする金額があったわけではありませんが、S先輩というお手本がいるのだから、自分もやがてお金持ちになれるという気持ちがありました。

お金持ちになる知識⑤

「財形」には意味がない!

社員の資産形成を支援する仕組みとして、持株会以外に「財形貯蓄」もあります。持株会同様、給与から一定のお金が天引きされ、会社が提携している金融機関に、会社を通してお金を預けて貯めていく仕組みです。

入社時にも財形の説明はありましたが、私は財形にはまったく意味がないと思っていました。なぜなら、ここでも金利の問題です。財形の金利はだいたい0・3%程度と、預金よりもちょっといい程度に過ぎません。

それでも銀行預金が0・001%だからそれに比べたら300倍よいということで、多くの人が住宅を買う頭金にするために財形をやっているわけですが、それだったら、つみたてNISAをやるほうがずーっとお得です。

資産を増やしたいなら、「現金のままでは意味がない」と覚えておいてください。そう言うと、「え？　でも現金でものが買えるから十分に意味があるのでは？」と言われたりします。

もちろん、そうです。だから現金は3か月分くらいの生活費、例えば毎月30万円ほどで生活をされている方なら100万円程度あれば十分なんです。100万円以上必要なときは、だいたいあらかじめわかります。だったら事前にわかったときに株を売るなりして用意すればよいのです。

よくよく考えてみてください。消費税だけでも2019年から2％上がっているし、インフレ率も2％といわれている中、財形の0・3％で戦えると思いますか？難しいですよね。

繰り返しになりますが、**今現金を持っていても、リターンなんてありません。あるのは目減りするリスクだけ。今一番損をする人は、間違いなく現金をたくさん持っている人です。**

今すぐ「つみたてNISA」を始めなさい

「自分の会社には持株会なんてない」、「フリーランスには持株会なんて無縁」と思っているあなた。

あきらめるのはまだ早い！「つみたてＮＩＳＡ」という手があります。

２０１８年からスタートした「つみたてＮＩＳＡ」とは、年間40万円を上限とした投資信託の積み立て投資に対して、20年間は非課税になる制度のこと。

本来、投資によって得た利益には20・３１５％の税金がかかります。でも、つみたてＮＩＳＡを利用した利益は、税金を払わなくてよいのでお得感満載です。

投資先は金融庁からお墨付きをもらった投資信託のみという点も安心感があります。

当初、非課税の期限は２０３７年まででしたが、５年間延長されて２０４２年まで

つみたてNISAの特徴

利用できる人	日本国内に住む20歳以上の人　※1
投資できる商品	条件を満たす株式投資信託またはETF　※2
投資の形	積み立てのみ
商品の買い替え	自由だが、新規の買い扱いになり、その分、非課税枠が減る
新規に投資できる期間	2018～2042年
非課税となる期間	最長20年間
非課税となる投資額	毎年40万円まで
節税のメリット	普通分配金、売った利益は非課税
投資額の上限（累計）	2020年から始めれば920万円
資金の引き出し（売却）	いつでもできる（枠の再利用は不可）

※1　2023年以降は18歳以上の人。
※2　条件は、投信報酬が低いこと、販売手数料が無料、毎月分配型でないことなど。

となりました。

途中売却も自由です。留学資金、独立・起業資金、結婚資金、老後資金などなど、必要になったときにいつでも現金化できますから、非常に使い勝手がよいところもおすすめポイントです。

ここまで読んで、つみたてＮＩＳＡを始めないなんて、あり得ませんよ！

すぐに口座を開いて、毎月３万３０００円、年間フルで40万円を積み立てていきましょう。

「お金を貯めたい」と言う人に、私がいつも申し上げるのは、積み立てるときは「これなら余裕だな」という額ではなく、「ちょっとキツイな」という額にすること。

現在の収入に対してあまりにも無理という額や、キャッシングをしてまでやるというのはダメですが、「1万円だったらまあ余裕。2万だとちょっとキツイな」という場合は、ぜひ2万にチャレンジしてみてください。その分節約しようとするので、意外とチャレンジしたらできるものです。結局は、将来の自分のためですから。

お金持ちになる知識⑥

日本人の投資の失敗のほとんどは「狼狽売り」

いったんつみたてNISAを始めたら、積み立て分の金額を引いたお金でやりくりしていくことが習慣になるので、やがて積み立てていることすら忘れてしまいます。

ただ、気を付けてほしいのは、「リーマンショック」や「新型コロナショック」などで市場が一気に下がったときです。

自分が積み立てているファンド（投資信託）の価格も暴落してしまうので、「ヤバい！」と強烈に解約したくなるからです。

日本人が投資に失敗するのは、このタイミングで耐え切れずに狼狽売りに走ってしまうのが多くの理由です。

しかし「○○○ショック」でファンドが暴落したときは、ヤバいどころかむしろラッキー♡　同じ金額でたくさんのファンドを買えるので、むしろバーゲンセールがやってきたようなものです。

今が一番オイシイところなのに、あわてて解約してしまうのは一番もったいない、絶対にやってはいけないことなのです。

ファンドは株や債券を扱っているので、その時々によって価格が増えることもあれば減ることもあります。しかし最後に笑うのは、そんなことにいちいち振り回されず、コツコツ続けられる人です。

これから始めるなら、おすすめはネット証券

つみたてＮＩＳＡを利用するには、「ＮＩＳＡ口座」を開設する必要があります。ＮＩＳＡ口座は、証券会社、都市銀行、地方銀行、ゆうちょ銀行などで開設でき、それぞれの金融機関によって、つみたてＮＩＳＡの商品の取り扱い数、最低積立金額、積立頻度の違い（毎月、隔月、３か月ごと、毎週、毎日など）などが違っています。ＮＩＳＡ口座の変更は可能ですが、１年間にひとつの金融機関しか使えないので、開設する前によく検討してください。

私のおすすめはネット証券です。取り扱いファンド（投資信託）の数が圧倒的に多いからです。イチオシは楽天証券。理由は楽天カードでファンドが買えてポイントがつくし、さらにポイントでもファンドが買えます。

ところであなたは、クレジットカードのポイントを、どうやって使っていますか？

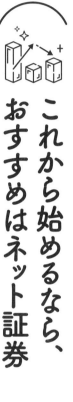

ネット証券はホームページから口座開設の申込みを行う。左は楽天証券のサイト。パソコンやスマホから簡単に手続きできる。

「次に買い物をするときの割引に使っている」という人がほとんどだと思いますが、100ポイントのものをただ100円として使うのは、価値が増えも減りもしないので、現金と同じ使い方です。

でもそのポイントでファンドが買えたらどうでしょう。ただで投資ができて、さらに資産を増やすことができるんです。

こうした理由から、楽天カードを持っている人には特におすすめしています。

そのほかのネット証券では、SBI証券はファンドの数が多いことと、楽天証券と並んで手数料が安いのが魅力です。マネックス証券はサポートが充実していて情報を取りやすいのがメリットです。松井証券は1日10万円以内の売買だったら手数料無料なので、小口のやりとりをするにはおすすめです。

◉——「インデックスファンド」でコストを抑える

証券会社を決めたら、次はファンドを選びましょう。

ファンド、つまり投資信託とは、投資家から少しずつ集めたお金をひとつの大きな資金としてまとめ、運用の専門家が株式や債券、不動産などに投資・運用する商品のこと。運用した成果（利益）は、それぞれの投資額に応じて投資家に分配される仕組みの金融商品です。

個人で株や債券といった投資先や、投資のタイミングを考える必要がなく、プロに運用を任せられるのがメリットです。

さらにファンドは運用スタイルの違いによって「インデックスファンド」と「アクティブファンド」に大別できます。

インデックスファンドとは市場平均への連動を目指す運用スタイルの商品のこと。株式だったら株式の、債券だったら債券の平均値に合わせるような動きを目指し、日経平均株価や東証株価指数（ＴＯＰＩＸ）、アメリカのＳ＆Ｐ５００といったベンチマークに連動させて、プロがファンドに組み込む株式の入れ替えなどを行っています。

アクティブファンドは、そのベンチマークを上回る運用成績を目指すスタイルです。

どちらを選べばいいのかというと、**私のおすすめはインデックスファンドです**。

注目すべきは「信託報酬」という名の「手数料」の違いです。

インデックスファンドの場合、例えば日経平均に沿ったファンドなら日経平均の組み入れ銘柄を見て、その銘柄を売買していけばいいだけなので、ファンドを動かすのが比較的容易です。その分、手数料は0・1％程度と安いのです。

それに比べてアクティブファンドはベンチマークを上回るパフォーマンスを上げなければいけません。運用が難しく、そこに対してコストがかかるため、手数料も1％前後になります。

0・1％と1％の比較ですが、倍率にしたら10倍ほど違ってきます。

また両者を比べてみたときに、アクティブファンドのほうがかなり成績がよいのかというと、意外とそうでもありません。なので、私はインデックスファンドでよいと考えています。

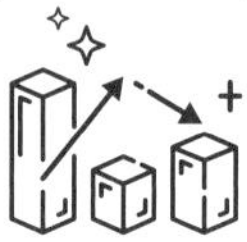

「全世界」で勝負せよ！

つみたてＮＩＳＡでファンド（投資信託）への投資を始めるとして、では具体的にどのファンドを選べばいいのでしょうか。私のおすすめは「世界株式インデックス」や「米国株式インデックス」です。

日本は少子高齢社会に突入して高齢者が増える一方、若い世代が減り続けていて、移民を受け入れていないため、労働人口がどんどん減少していきます。

日本は資本主義の国なのでこの先も経済は拡張を目指しますが、労働人口が減っていく中で爆発的に伸びることは期待できないでしょう。そのためこれから資産を築いていくには難しい環境にあります。

それに比べてアメリカは、同じように少子高齢社会でありながら移民を受け入れているので、この先もさらに経済が拡張していくでしょう。**過去にＩＴバブルやリーマ**

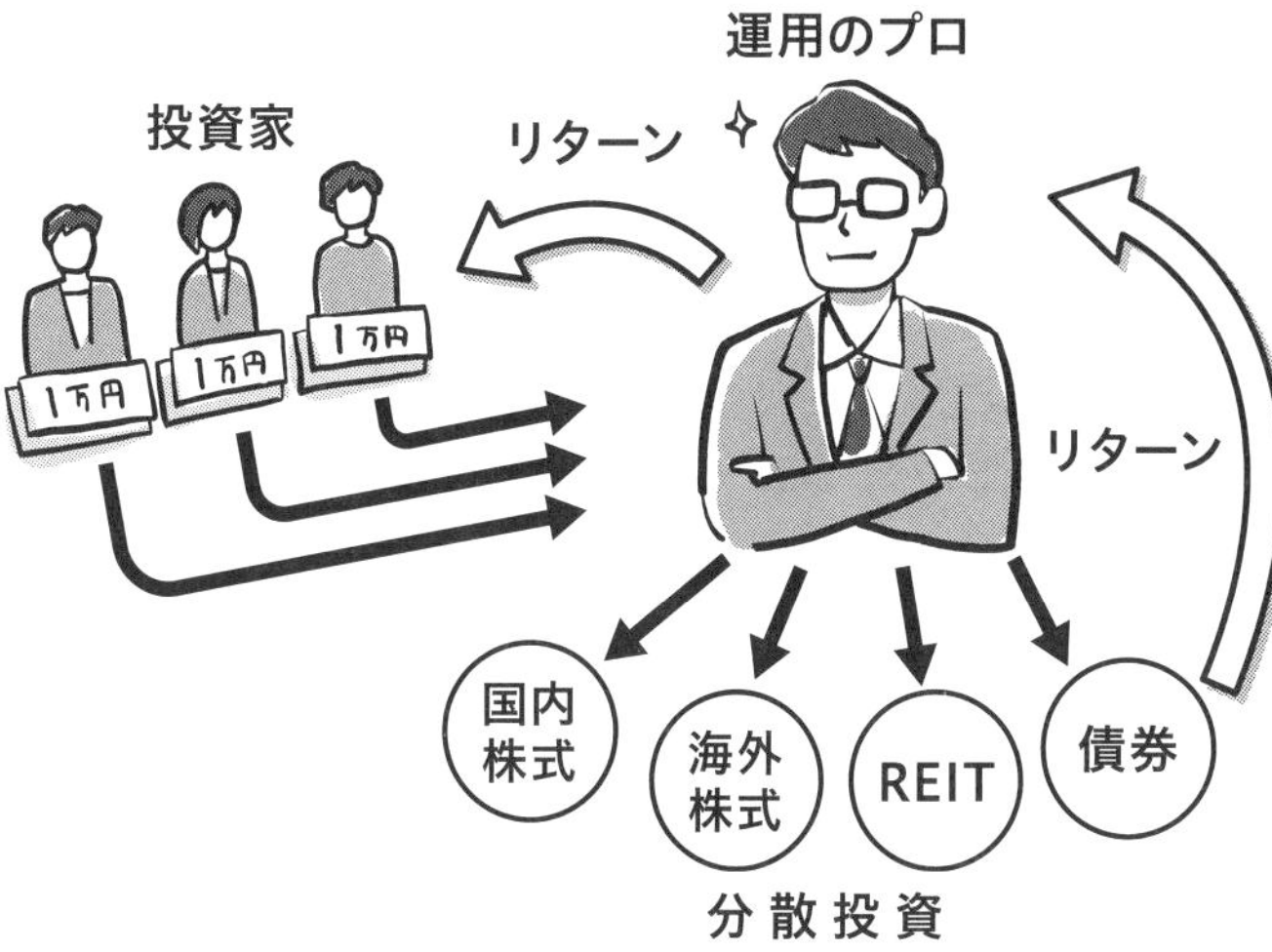

ファンドは、投資家から集めたお金をプロが株式投資などで運用し、その成果（リターン）が分配される。

ンショックもありましたが、すぐに株価が持ち直して上がり続けていきました。これが「米国」をおすすめする理由です。

さらに「世界株」になると、5〜8割はアメリカの株ですが、そこに日本やインド、中国なども入ってきます。長期投資として考えた場合、これから伸びしろのある国々の株が含まれているというのが魅力です。

アメリカと中国は貿易をめぐって対立していますが、中国は持っているお金が莫大です。人口が多いので優秀な人材も多く、優れた

つみたてNISAで買える商品

買えるもの	買えないもの
株式に投資する投資信託	上場株式
株式を含むバランス型の投資信託	外国上場株式
ETF（株式のみ）	REIT（上場不動産投資信託）
	債券に投資する投資信託
	REITに投資する投資信託
	株式を含まないバランス型投資信託
	株式以外を含むETF
	個人向け国債、社債、外国債券
	預金　　など

株式を含む投資信託でも、毎月分配型は対象外であることに注意。

サービスが次々と生まれています。そのため、長い目で見れば成長は続くと思っています。

というわけで、**「米国」か「世界株」かでいうと、私は「世界株」のほうをおすすめしています**。

NISAの口座を開いたら、あとは何もしなくても大丈夫です。まずは月々積み立て投資をすることに慣れてください。

株価は日々上がったり下がったりしますが、気にせずに本業に集中してください。なんだかんだ言って一番稼げるのは自分。自分の成長に対して自己投資をして、能力を高めることが一番なのです。

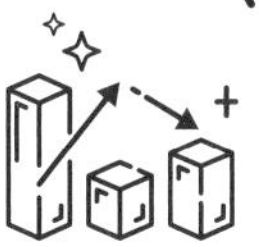

ドルコスト平均法は最強の投資法

ここまで投資の方法として持株会とつみたてＮＩＳＡをご紹介しました。この２つに共通しているのが「積み立てる」という方法です。

私は何を買うのかよりも、この「積み立てる」方法で買うことが一番重要だと考えています。

第１章で説明した「複利」で増やせるし、何よりも「ドルコスト平均法」のうまみが取れるからです。

「ドルコスト平均法」とは、日々価格が変わる金融商品を一定の金額で、定期的に買い続ける方法です。

持株会やつみたてＮＩＳＡで、株や投資信託を毎月一定額積み立てていくと、価格が高いときの購入量は少なく、安いときの購入量は多くなります。そのため毎月一定量（口数）を買うよりも結果的に買付単価が平均化され、時間分散によるリスク軽減効果が期待できます。

実際、過去のデータを見てみると、ドルコスト平均法で10年間積み立てて買い続けた場合、勝率が１００％だったんです！

「10年も積み立てないと勝てないの⁉」と心配になりましたか？　もちろん株価なので短期間でもプラスになることはあります。

逆にリーマンショックなどの「〇〇ショック」があれば一時的にマイナスに転じます。要はいつ取り崩すのかの問題です。

しかし積み立ての場合は下がったときこそ一番のチャンス！　その分、同じお金でたくさん買えるので、私はむしろ「キター！」という感じです。

新型コロナウイルスの影響で、今は世界の相場が割安です。ファンドを買うには絶好のチャンスです！

ドルコスト平均法の強さ

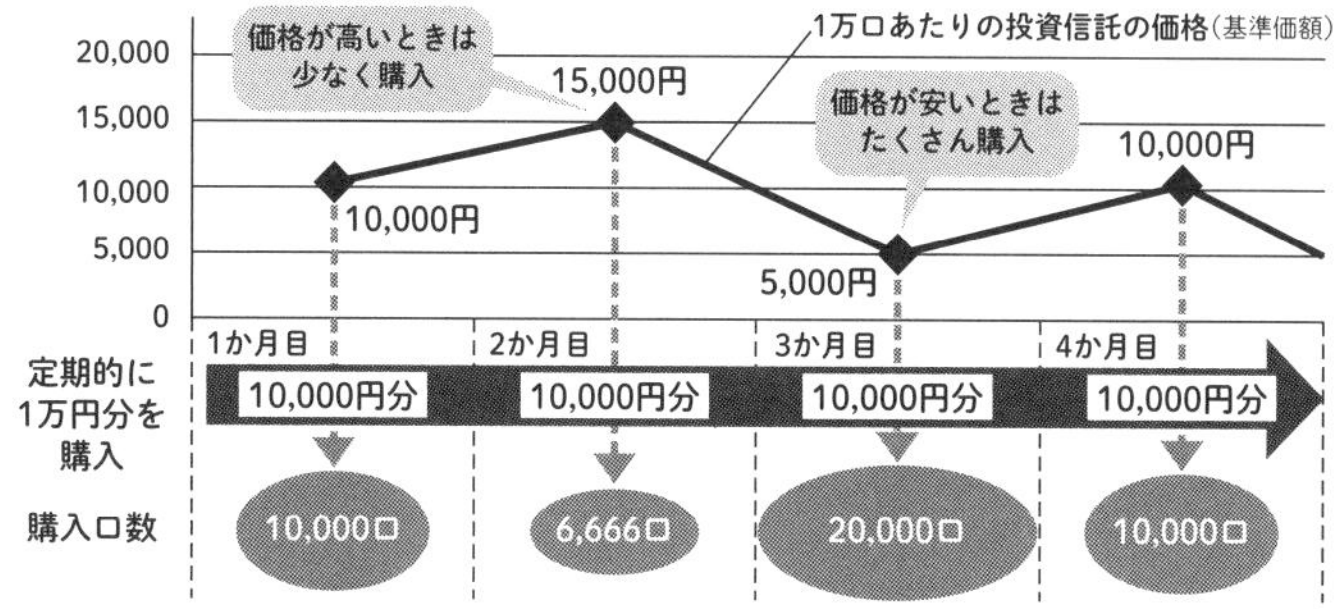

【ドルコスト法のメリット】
・商品の価格が上下しても、定期的に買うことで平均化できる（高値づかみを回避できる）
・その時々の商品価格にこだわらず、いつでも始めやすい

NYダウ30年間の動き

ドルコスト平均法とは、「定期的に、一定の金額を、同じ対象に投資し続ける」投資方法のこと。長期間の投資を平均すると運用率がよくなり、景気変動にともなう商品価格の変動リスクを減らすことができる。

証券会社の営業は特にご用心

金融機関の窓口でファンド（投資信託）を勧誘されたことはありませんか？

その際、「ネット証券は確かに手数料が安いけれど、情報が少なかったりしますよ」「つみたてＮＩＳＡはウチでやって情報を取り、個別株は手数料の安いネット証券でやっているお客さんが大勢いますよ」などとよく言われます。

実は、これらは典型的な営業トークです。惑わされないでくださいね！

今、すべてのビジネスモデルは「フロー」と「ストック」に分かれています。

フローとはフロービジネスのことで、そのつど何かを売って稼ぐこと。ストックはストックビジネスのことで、わかりやすくいうと月額課金などのサブスクリプションモデルのことです。

そして、時代はフロー型のビジネスモデルからストック型のビジネスモデルにどんどん移行してきています。

例えばアップルならアップルミュージック、アマゾンならアマゾンプライム。フールーやネットフリックスもサブスクのモデルです。

世界的に見るとサブスクリプションモデルを成功させた企業が伸びていて、すべての企業は今後サブスク、つまりストックビジネスに移行したいのです。

証券会社も例外ではありません。

証券会社にとってのフローとは、従来のように株式売買などで得る販売手数料であり、ストックとはファンドの信託報酬です。

ファンドの信託報酬は、残高に対して何％という計算です。だから証券会社はたくさんのお客さんにつみたてＮＩＳＡの口座を開設してもらって、最終的にはストックで経営を回していけるようにしたいのです。

証券会社の営業マンにとっては評価の基準になるので、ぜひともＮＩＳＡ口座の開設件数が欲しいところ。私も証券会社にいた時代は「ＮＩＳＡ口座を開設しましょう！」と言っていましたから、よくわかります。

もうひとつ、情報について。

ひとりの営業マンが持っているお客さんは、１００人から３００人くらいいるので、その中で情報を送るとしたら、どうしても優先順位ができてしまいます。質の高い情報がもらえるのは、預かり資産が１億円くらいの人たちからです。

でも今はネットで世界の情報を取ろうと思えばいくらでも取れますし、そもそもつみたてＮＩＳＡをやる意義は、情報に振り回されずに積み立てを続けることです。

もし、もうちょっとお金が増えてきて「債券を買おうかな」というフェーズに入ったら、大手の証券会社の窓口に行ってみてもいいかもしれません。

債券の在庫のほとんどは大手の証券会社が持っています。債券は取引市場がなく、相対で取引されるので、小さな証券会社やネット証券では思うように買えなかったりするからです。

いずれにしても**最初の段階では、ネット証券で口座を開設するのが一番です。**

お金持ちになる知識⑦

つみたてNISAとiDeCo、どちらをやるべき？

数年前からマネー誌や書籍などで「iDeCo《イデコ》」という文字を見かけるようになりました。

私も「つみたてNISAとiDeCo、どちらをやったほうがいいですか？」という質問をたくさんいただきます。

それに答える前に、まずはiDeCoについて簡単に説明しましょう。

iDeCoとは「個人型確定拠出年金」の愛称です。

個人型確定拠出年金とは、自分で一定の掛け金を積み立て運用しながら資産をつくっていく方法のこと。

なんだかつみたてNISAとそっくりですよね。

でも、両者には大きな違いがあります。

例えばつみたてNISAは好きなときに自由に解約できるのに対し、iDeCoは60歳まで解約できません。

また、つみたてＮＩＳＡの投資の上限額は年間40万円ですが、ｉＤｅＣｏは職業によって14・４万円から81・６万円と幅があります。

加えて、所得控除の対象となるかどうかの違いがあります。

所得控除とは、課税される所得の合計金額から、一定の金額を差し引くこと（控除）ができる制度です。

ざっくりとですが、所得税は「（収入－経費－所得控除）×税率」で計算されます。所得控除が大きくなればなるほど、納める所得税額が低くなるメリットがあります。ｉＤｅＣｏの掛け金は、この所得控除の対象となるのです。

ｉＤｅＣｏは掛け金が全額所得控除の対象となり、確定申告や年末調整によって税金の還付が受けられますが、つみたてＮＩＳＡの掛け金は所得控除の対象にはなりません。このような違いがあります。

聞けば聞くほど、どちらを選べばいいのかわからなくなりますよね。

本当は両方やっていただくのがベストですが、どうしてもどちらかを選ぶとしたら、私ならつみたてＮＩＳＡにします。やっぱり自由に解約できるのが魅力だからです。

60歳まで引き出せない間に、もっとほかにいいお金の増やし方があるとわかったら、iDeCoに入れたお金を使いたいと思うでしょう。

一方、もしあなたが将来の年金を心配しているなら、iDeCoをおすすめします。そもそもiDeCoは資産形成というよりも「確定拠出年金」というくらいですから、目的は自分で年金をつくること。運用利益は非課税になりますし、掛け金は所得控除になるので、iDeCoをやったほうがいいです。


さて、つみたてNISAやiDeCoのファンド(投資信託)を選ぶ際、「減らしたくないから、元本保証型のやつにしました!」とか「危ないからリスク抑えたやつにしました!」と言う人がいます。

「リスク」のことを「危険度」だと思っているのでしょうね。しかし投資におけるリスクとは、「振れ幅」のこと。**リスクが大きいということは下がる可能性もあるけれど、上がる可能性もあるということです。**

自分の資産のほとんどを日本円で持っているのに、その唯一の運用先であるつみたてNISAやiDeCoでもリスクを抑えた運用をしたら、ほとんど資産を増やすことができません。

つみたてNISAとiDeCoの比較

	つみたてNISAの特徴	iDeCoの特徴
投資できる商品	条件を満たす株式投資信託またはETF　※1	投資信託、定期預金、保険商品
投資の形	積み立てのみ	積み立てのみ
商品の買い替え	自由だが、新規の買い扱いになり、その分、非課税枠が減る	何度でも自由
新規に投資できる期間	2018～2042年	60歳未満（条件あり）。2024年からは65歳未満
非課税となる期間	最長20年間	受取開始まで（受取開始は60～70歳の間で選択）　※2
非課税となる投資額	毎年40万円まで	年14.4万～81.6万円（職業などで異なる）
節税のメリット	普通分配金、 売った利益は非課税	運用益は非課税　掛け金分は所得税と住民税が非課税　受取時も税控除あり　※3
投資額の上限（累計）	2020年から始めれば920万円（40万円×23年）	年14.4万～81.6万円×掛ける年数（職業などで異なる） 最大40年
資金の引き出し（売却）	いつでもできる （枠の再利用は不可）	60歳までできない

※1 条件は、投信報酬が低いこと、販売手数料が無料、毎月分配型でないことなど。

※2 積み立てる期間が短いと、受取可能になる時期が遅くなる。最も遅いと65歳から。また、2024年からは受取開始を75歳まで延ばせる。

※3 退職金や公的年金の額によって、元本部分を含めて課税されることもある。

あなたの資産のうち、毎月つみたてＮＩＳＡやｉＤｅＣｏに回す2万円や3万円なんて微々たるものであるはずです。

だったら、リスクは最大限に取っていきましょう！

インデックスファンドで、全世界。そして口座はネット証券。

これはつみたてＮＩＳＡでもｉＤｅＣｏでも変わらないセオリーですよ！

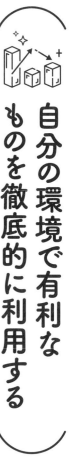

自分の環境で有利なものを徹底的に利用する

現在、私は独立系のファイナンシャルアドバイザーとして、主に富裕層の資産運用のアドバイスや、企業のセミナーなどで講師をしています。

先日、ある企業の社員研修に講師として呼ばれました。

その企業は一部上場していて、社員が持株会に入ると10％の補助を出しています。

例えば毎月1万円を持株会に拠出すると千円の奨励金がもらえるということです。10万円で持ち株を買った瞬間に、評価額が11万円になります。

こんなにオイシイ制度があるのに、ほとんどの社員さんが利用していませんでした。

なぜなら、その制度の存在を知らないから。

こんなふうにもったいないことをしている人は、世の中にかなり大勢います。

あなたの会社にも、持株会などの制度はありませんか？　もしあるならすぐに利用しましょう！

自分の環境で有利に使えるものはどんどん投資に活かしていくという姿勢は、とても大事です。自分の仕事の関係で詳しくなったことも、有利に使えるもののひとつです。例えば、食品関係で働いているなら食品業界の動向には精通しているはずです。人材系のお仕事をしているなら、今伸びている業界に詳しいでしょう。

20代や30代の「今が働き盛り」の人は、デイトレーディングなどで儲けようとするよりも、自分の仕事に集中したほうが断然いいと思います。結局、一番稼げるのは自分自身ですし、仕事を通してさまざまなビジネスモデルに接しながら自分の得意な分野を見つけ、それを投資に活かしたほうが着実に資産を形成していけるからです。

私は証券会社時代に培った「金融の知識」と「営業スキル」と「鋼のメンタル」で、7・5億円の資産を築きました。

私のクライアントさんの中には、主婦として子育て情報を発信して成功されていた方が、不動産や債券を購入し、安定資産を築いた素晴らしいセンスをお持ちの女性や、タクシードライバーをしながら流行をキャッチし、その知識を活かして投資にも踏み切り、着実に資産を増やしているアンテナの鋭い男性……などもいらっしゃいます。
あなたにも今の環境の中で有利に使えるものが絶対にありますから、血眼になって探してみてください！

お金持ちになる知識⑧

一般NISAで投資にかかる税金をお得に

50ページで紹介した「つみたてNISA」よりも先に、2014年にスタートしたのがNISA制度です。「NISA」とは「少額投資非課税制度」の愛称で、「つみたてNISA」と区別するために「一般NISA」と呼ばれています。

2014年から2023年までの間にNISA口座を開設し、年間120万円の範囲で株やファンド（投資信託）などを購入すると、投資をした年を含めて最長5年間、その間に受け取る配当や売却益に、普通はかかる約20％の税金が免除される

一般NISAは5年の非課税期間終了後にロールオーバーできる

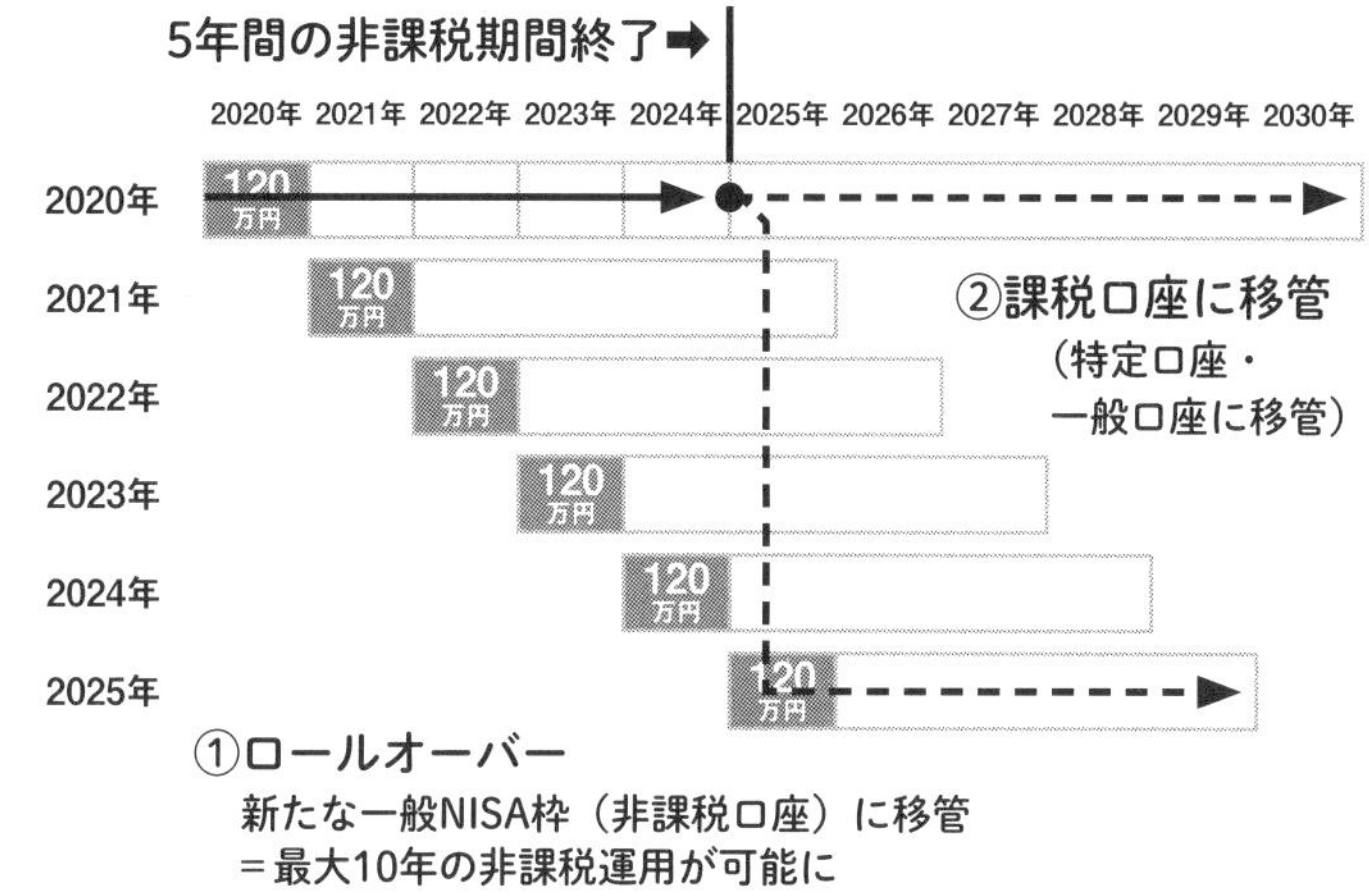

制度です。

非課税期間の5年がたったら、新たに開始する一般NISAの非課税枠に移行する（ロールオーバー）か、証券会社の課税口座（特定口座、一般口座）に移管するか、売却するかを選びます。何も選択しなかった場合は、課税口座に移されます。

つみたてNISAと同様、日本国内に住んでいて20歳以上であれば、誰でもNISA口座を開設できます。

ただし、一般NISAとつみたてNISAを同じ年に同時に使うことはできません。

つみたてNISAと一般NISAの比較

	つみたてNISAの特徴	一般NISAの特徴
利用できる人	日本国内に住む20歳以上の人　※1	日本国内に住む20歳以上の人　※1
投資できる商品	条件を満たす株式投資信託またはETF　※2	株式投資信託、ETF、個別株、REIT（レバレッジ型投資信託は除く）
投資の形	積み立てのみ	積み立て投資でも、好きなタイミングでもOK
商品の買い替え	自由だが、新規の買い扱いになり、その分、非課税枠が減る	自由だが、新規の買い扱いになり、その分、非課税枠が減る
新規に投資できる期間	2018～2042年	2028年まで
非課税となる期間	最長20年間	投資した年から5年間。さらに5年の延長（ロールオーバー）ができる
非課税となる投資額	毎年40万円まで	年120万円（2024年以降は122万円）
節税のメリット	普通分配金、売った利益は非課税	普通分配金、売った利益は非課税
投資額の上限（累計）	2020年から始めれば920万円（40万円×23年）	2025年までは600万円（120万円×5年）、2024年から2028年までは610万円（122万円×5年
資金の引き出し（売却）	いつでもできる（枠の再利用は不可）	いつでもできる（枠の再利用は不可）

※1 2023年以降は18歳以上の人。
※2 条件は、投信報酬が低いこと、販売手数料が無料、毎月分配型でないことなど。

どちらを選ぶかについてですが、この本では資産のベースをつくるために、より長期で投資をしやすいつみたてNISAをおすすめしています。

すでに持株会など積み立てで資産形成を始めている人は、一般NISAを利用して個別株を購入するとよいでしょう。

お金持ちになる知識⑨

2024年、一般NISAが「2階建て」になる

一般NISAも2024年に制度改正となり、内容が大きく変わります。新NISAでは、まず投資期間が5年間延長されて2028年までとなります。

さらに2階建てとなり、1階部分は20万円までのつみたて、2階部分は従来の一般NISAと同様、個別株や投資信託などに102万円まで投資できます。

新NISAの場合、1階でつみたて投資を行わないと2階での投資ができません。

この変更には、より長期投資を後押ししたいという国の狙いがあります。

一般NISAの制度が変わる

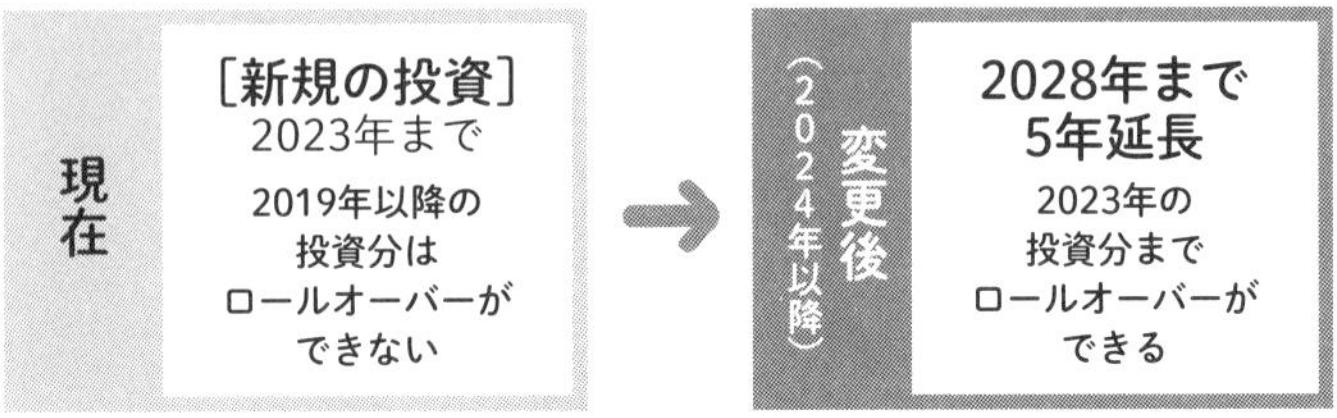

一般NISAは2024年から2階建ての「新NISA」に

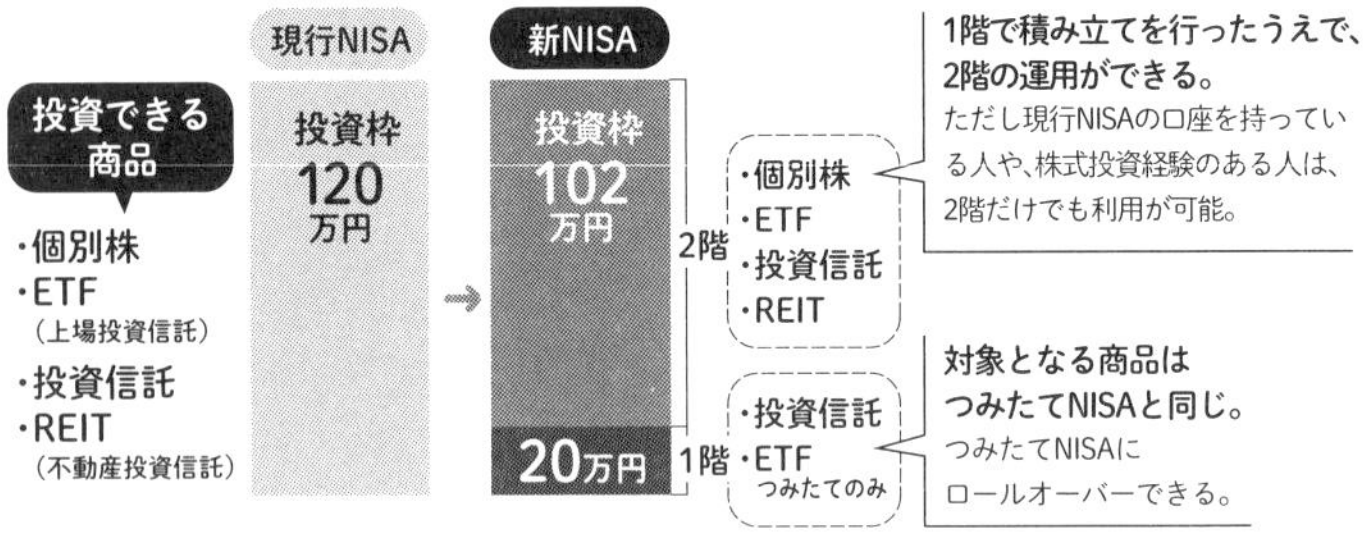

ただし、現在の一般NISAの口座を持っている人や株式投資の経験者は、2階のみの利用ができます。

もしNISAで個別株の投資のみをしたいなら、すぐに口座を開いたほうがいいかもしれません。

第3章

株は思惑で買って現実で売る

株を買うときに大事なのは、
その企業やサービスを「心から応援したい」と
思えるかどうかです。
「ここが儲かるらしい」といった情報で買うと、
たいていは失敗します。
SNSなどを活用して、情報を収集しましょう。

株主優待目当てで個別株を購入

２０１４年、ソルジャー生活の2年目。相変わらず持株会に毎月10万円をつぎ込み、残りの６万円で過ごすという極貧生活を続けていたものの、株価が全体的に上昇していたおかげで私の持ち株は３００万円ほどになっていました。

お金が増えていくのって、楽しいな。

積み立てに手ごたえを感じた私は、ちょうどＮＩＳＡ制度が始まったこともあり、ボーナスの残りを利用して個別株も買うことにしました。

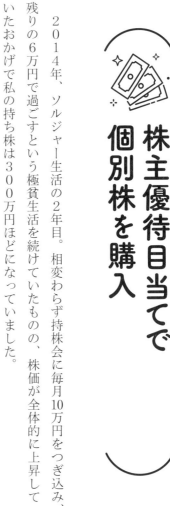

いざ個別株を買おうとしても、何を買えばいいのかよくわかりません。そこで目をつけたのが「優待銘柄」の株です。

優待銘柄とは、株主に対して自社製品の商品券や割引券などを配布している銘柄のこと。この株主優待は保有している株数に比例してもらえます。例えば食品会社なら、「何百株以上持っている株主には、自社製品を10％オフで買える株主優待券を何枚配布」というようにです。

最初に購入したのは普段からよく行くドラッグストアのスギ薬局の株でした。買い物した金額から毎回5％オフになるという株主優待があり、「それを使いたい！」という母のために購入しました。

1年後には株価が1・5倍になりましたが、あくまでも優待目当てなので、今もまだ持っています。

ほかにも、優待狙いで居酒屋チェーンのコロワイドやアトム、ファストフードのモスバーガーの株を買ったこともあります。居酒屋のチェーンは年間8万円くらいの優待券をもらえて、友だちと行っても使い切れないくらいでした。

株主優待は株価が下がっていてももらえます。初めて株に挑戦する人や、株価の上下が気になってしまうという人は、株主優待狙いで買ってみてはいかがでしょうか。

スーパーやドラッグストア、飲食店のチェーンなど、日常的にお買い物をするところ、よく行くお店で株主優待がないかどうかチェックしてみてください。

株主優待銘柄の例

企業名	株式購入に必要な金額の目安（株数）	株主優待で受けられるサービス
ヴィレッジヴァンガードコーポレーション	94,000円（100株）	お買い物券（10,000円相当）
アトム	86,000円（100株）	優待ポイント（2,000円相当×年２回）
カゴメ	290,000円（100株）	自社製品の詰め合わせ（2,000円相当）
ドトール・日レスホールディングス	180,000円（100株）	株主優待カード（1,000円相当）
ポーラ・オルビスホールディングス	200,000円（100株）	株主優待ポイント（1,500円相当）
オリエンタルランド	1,600,000円(100株)	東京ディズニーランドか東京ディズニーシーで利用できる１日パスポート１枚（年２回）

また、企業が株主に利益を分配することを「配当」といいます。株主優待同様、保有している株数に比例してもらえます。

こちらも株価が下がっていても出ることが多いです。例えば年間３％の配当がつく銘柄なら、もし１年で株価が３％下落してもトントンになりますよね。

初心者は配当狙いで買ってみるのもよいでしょう。ただし赤字のときや企業の方針によって配当が出ない場合もありますので、そこは覚えておいてください。

テクニカルか ファンダメンタルズか

ここからは少し専門的な話をしますね。

その株が今が売りなのか買いなのか、相場を判断するときに使うのが「テクニカル分析」と「ファンダメンタルズ分析」という２つの方法です。

テクニカル分析とは、過去の株価のデータをもとに相場の先行きを予測する方法です。移動平均線や株価チャートなど見て、過去にも似たようなパターンがあれば未来も同じようなパターンになると予想するのです。

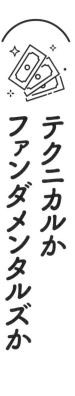

わかりやすくいうと、デイトレードやＦＸのように数字の上がり下がりだけを追いかけて、上がったら売って下がったら買って利益を出していく方法です。

最近はさまざまなツールが登場し、個人投資家でもテクニカル分析を使っている人が増えています。

一方ファンダメンタルズ分析とは、景気動向、金融政策、財政政策といった経済活動の状況をもとに、市場全体の大きな方向性をつかんだり、個別企業の財務諸表や事業そのものに注目して個別銘柄の値動きを分析したりする方法です。

経済的な基礎知識を必要とするため、初心者には難しいとされる分析方法です。

テクニカルにもファンダメンタルズにも一長一短があり、どちらが優れているとはいえません。私自身、どちらも使っています。

しかし、ここでお伝えしたいのは、ファンダメンタルズの視点で売買できるようになると、将来的に値上がりしていく株を選べるようになるし、もし株価が下がっても後悔しないということです。次で詳しく説明しますね。

株のストーリーを思い描いてみよう

「自分には経済の基礎知識なんてない」という人も心配しないでください。ファンダメンタルズといっても、これからお話しする私の買い方なら、決して難しくはありません。

株を買う前に、その銘柄と企業のストーリーを思い描くのです。

この企業はこういうビジネスモデルで、社会情勢はこうだから、ここからこういうふうに伸びていくだろう。すると今後はこれくらいまで株価が上がるだろう……。

そこまでイメージするのは難しいというなら、まずはその企業のビジネスモデルに注目してみましょう。

・その会社はどういうビジネスモデルですか？

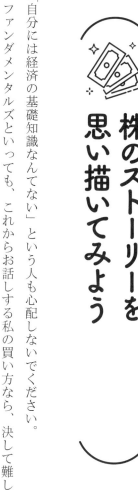

・そのビジネスモデルはこれからの時代に合っていますか?

ここをよく見極めてほしいのです。

わかりやすい例としてJTで考えてみましょう。

JTはたばこ産業なので、今の健康志向とは逆行しています。その分、株価が下がらないように配当をたくさん出して株主を集めていますが、ビジネスモデル自体は時代に合っていません。だから私は買いませんし、持っていたとしたら売ります。

今の健康志向の流れでいくと、ファストフード系の企業もそれに逆行しているので持ちません。

このように時代の変化とともに、世の中の動きとその企業の動きが合わなくなっていたら、私はそれ以上その企業に伸びしろはないと判断します。ですから株価が上がっていたとしても売ります。

かつては「電力と鉄道株は安全」と言われていた時代がありました。

しかし電力株は東日本大震災をきっかけに一気に潮目が変わり、成長の余地がなくなってしまいました。

鉄道株のほうはどうでしょう。鉄道業界は鉄道そのものに加え、ホテル、旅行、ショッピングセンターなどにも手を広げている会社もあり、安泰と思われました。しかしこれらの業界は今、新型コロナウイルスの影響を大きく受けています。旅行などに出かける人が増えづらい環境になり、外国人観光客によるインバウンドも期待しにくくなったと考えると、どうでしょうか。

このようにその企業のビジネスモデルに注目して、世の中の風潮とマッチしているかどうかを見ていくのです。

値下がりしても後悔しない株の買い方

企業のビジネスモデルが時代と合っているかだけでなく、社長自身の思いや可能性を信じられるかどうかも、私にとっては重要なファンダメンタルズの指標です。

ネットのニュースなどで取り上げられているコメントを読んで「この社長を応援したい！」と心から思って株を買ったなら、株価が下がって損をしたとしても後悔しません。

そしてある程度利益が確定したら、売る。

あるいは企業のビジネスモデルや社長の考え方が変わってきて「世の中の流れと合わなくなってきたな」「私が思っていた方向性と変わってきたな」と思ったら売る。

これが、私の言う「株は思惑で買って事実で売る」ということなのです。

これから株をやりたいなと思っていて、でもやっぱり損が怖いと思う人にアドバイスするとしたら、「損してもいいと思える会社を買ってください」と言います。「損してもいい」と思える会社が出てこないうちは、もう少し現実的に株主優待や配当目当てで買ってください。それなら株価が下がっても持ち続けられますから。

あるいは、「この会社が好き！」という単純な動機でもいいですよ。「ディズニーの社長は誰だか知らないけれど、ディズニーランドが好き」というならオリエンタルランドの株を買って（ちょっと高いですが）、株主優待パスポートでディズニーランドに行ってください。「イオンの社長が誰だかわからないけれど、家族でしょっちゅう買い物に行っている」なら、イオンの株を買って割引優待券で買い物をしましょう。

まずは難しく考えすぎず、株を買ってみることです。

それから徐々にファンダメンタルズ的に深掘りをしていき、あなたの思惑を描いていけるようになっていければＯＫです！

そして最終的には、損してもいいと思える会社に出会って、株を買う醍醐味を味わっていただきたいなと思います。

お金持ちになる知識⑩

これさえわかればOK！　簡単チャートの見方

ネットで個別の株価を検索すると、「チャート」と呼ばれるグラフが出てくることがあります。チャートはテクニカルで売買している人たちが重要視しているものです。

私はテクニカルよりもファンダメンタルズで株を買っていくのですが、売買のタイミングを判断するのにチャートを利用することもあります。

ここでは、誰にでもわかるチャートの読み方をお教えしましょう！

チャートを見ると、ジグザグした折れ線グラフが数種類あるのがわかります。これを「移動平均線」といい、5日線、25日線、75日線などが色分け表示されています。

移動平均線とは、ある一定の期間の価格から平均値を計算しグラフ化したものです。

25日平均線と75日平均線

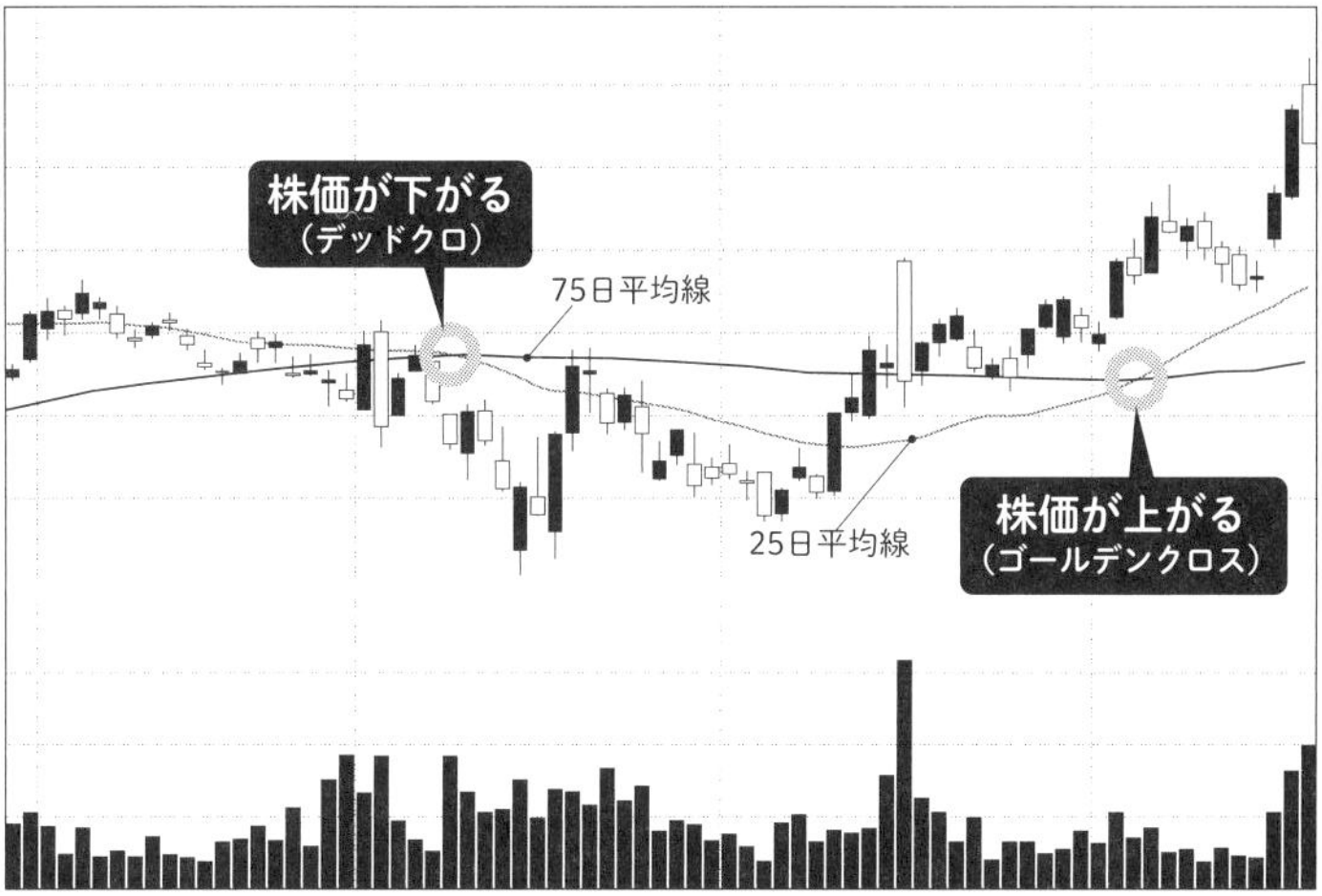

25日平均線が75日平均線を下から上に抜けるときは、株価がこれから上がるサイン。買いのタイミングといえる。その反対に、25日平均線が75日平均線を上から下に抜けるときは売りのタイミング。下の棒グラフは「出来高」で、取引の量を表わす。

例えば5日移動平均線は、5日分の平均価格を線でつないだものですし、25日平均線は25日分の平均価格を、75日平均線は75日分の平均価格をつないでいます。

これらのグラフは平均値が移動していく様子を表わしていることから「移動平均線」と呼ばれています。

移動平均線でわかるのは、現在の相場のトレンド（上がるか下がるかの方向性）です。これを見ることで、1日の株価の変動に振り回されず、相場が上がっているのかあるいは下がっているのかを判断できます。

私の場合、基本的に株価が右肩上がりになっている銘柄しか買いません。

その中でも**25日平均線が75日平均線を下から上に向けて抜けたとき（ゴールデンクロス）が買いのタイミングです。**その株がこれから上がっていくことを示しているからです。

逆に25日平均線が75日平均線を上から下に向けて抜けたとき（デッドクロス）は、売りです。

移動平均線から株価の歴史がわかるので、売買の判断に利用することもあります。例えば、以前の高値に近付いてきたらそこが売って利益を確定させる目安になりますし、以前の底値に近付いてきたときは逆に買い増しのタイミングというわけです。

投資において「たられば」は無用

よくいわれる投資の言葉に「一番の敵は自分の欲」があります。

「もうちょっと下がるんじゃないか」「もうちょっと上がるんじゃないか」という欲に従うと、社会情勢や市況といった外的要因に支配されてしまいます。これが投資の一番の敵です。なぜなら外的要因はコントロールできない不確定要素だからです。

しかしマイルールを厳守することさえできれば、投資の結果も自分のコントロール下に置くことができます。

かくいう私も、高値で買ってしまったかもとか、安値で売ってしまったかもという感情は一瞬出ます。「あー……（涙）」となりますが、そこをいかに早く吹っ切るかを大事にしています。

思い悩んだりしないためにも、売買のあとは、もう忘れてしまうことにしています。

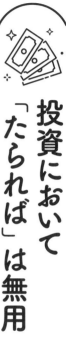

売ってしまったら、その後の株価は見ません。

そして私は、1日に何度も株価をチェックするようなことはしません。朝、日経新聞を読んだりニュースを見て、市場や株価の動向をざっくり把握したらそれで終わりです。

「投資は怖い」と言う人がいますが、それは自分の結果を、外的要因にコントロールされてしまうと思っているからです。

何度も言いますが、投資のリスクは自分でコントロールできるし、していくものです。主体的に投資ができるようになるための知識を、ぜひ身に付けていきましょう！

◉――誰にでもアクセスできる情報を使う

私はかつて証券会社で働いていたため、フリーになった今も「八木さんは特別な情報源を持っているんじゃないですか？」と言われることがよくあります。

いえいえ、まったくそんなことはありません！

応援したい社長を見つけるのは、ネットのインタビュー記事や書籍です。テレビならモーニングサテライト、カンブリア宮殿、ガイアの夜明け、プロフェッショナル仕事の流儀を見ています。あとは日経新聞、日経ヴェリタス、銘柄の深掘りにはバフェット・コードや株主プロなどのサイト、情報収集にはＺＵＵ ｏｎｌｉｎｅを活用しています。これらは誰でも利用できますし、逆にいうと、私はそういうところからしか情報を取っていないのです。

お金持ちになる知識⑪

これから伸びる企業は、SNSで探せ！

ここで私がどんなふうに注目株を探しているかをお話ししましょう。

まず私はベンチャーの株を中心に買っています。やる気のある社長さんのもと新しいサービスが登場してきて、その企業やサービスが伸びていくのを応援したいからです。注目して株を買った企業の業績が伸びて、株価もどんどん上がる。それをリアルに体験できるのはとても楽しいものです。ですから、ＩＰＯ（新規上場）した企業は一通りチェックしています（ただしベンチャーやＩＰＯしたての企業は値動きも激しいことが多いので、ある程度、株式投資に慣れてからがおすすめです）。

情報収集にはＳＮＳを活用しています。注目する企業の社長さんのTwittwerや「Facebookをフォローしたり、Instagramの広告をチェックします。

社長さんは30〜50代なので、TwitterやFacebookで発信することが多いのです。でも、広告を出すのはInstagramですから、Instagramでは広告を見ています。

それと、WantedlyやNewsPicksで面白いことを発信している社長さんには注目します。

こうしたＳＮＳの情報が株にどう関係するかといえば、とてもわかりやすい例でいうと、たまにTwitterで「今度、こういうサービスを始めます」とつぶやく社長さんがいます。その内容が魅力的なら、サービスが開始されて世の中に広まると株価が上昇すると予想できますから、その前に買いを入れます。

20代、30代の方はＳＮＳをフォローするのは特に苦痛ではないと思いますから、Twitterなどをしっかり見ておいて、「ああ、こういう発言をしているな。共感できるな」と思った企業の株を買ってみるのもよいと思います。

株に投資をするなら、そうした情報をキャッチする早さと、すぐに行動できるフットワークの軽さは重要です。情報も行動も遅ければ遅いほど、損をします。

投資でコントロールできるのは損失だけ

あのとき買っておけば……。

あのとき売っておけば……。

こうしたモヤモヤした気分にならないためにも、株の売買のタイミングをルール化しておくことを強くおすすめします。

私のルールを紹介しますね。まずは購入するときです。

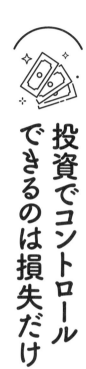

目星をつけていた株が、今回の新型コロナウイルス騒ぎのように**何かのきっかけでドンッと下がったり、あるいは何かの理由でチャートが動いたタイミングで買います。**

次は売るときです。

まずは利益確定です。**株価が3割くらい上がったら売ります。もしくはストップ高になったときも売って利益を確定させます。**ただし300株や400株を持っているなら、その中の２００株、３００株で利益を出すことはしますが、基本的には自分が応援したいと思っている会社の株を買っているので、最低単元の１００株は必ず手元に残します（銘柄によって最低単元数は異なります）。

これはマザーズでベンチャー中心に買っている私のルールなので、安定銘柄なら株主優待や配当狙いで買い、価格が10％程度上昇したら売って、利益を確定させるのもよいと思います。

問題は株価が下がっているとき。

株価が10％くらい下がったら、「なぜ株価が下がっているのか」と考えます。

ビジネスが時流に合わなくなっている、経営トップの不祥事などの問題が起こっているなど自分なりに理由を追求し、いったん損切りします。それでもその会社を応援すべき根拠が自分の中にあれば、やはり１００株だけは手放さずに残しておきます。

売りと買い、どちらが難しいかといえば、圧倒的に売りのほうです。

しかし、自分でコントロールできるのも、実は損失なのです。

売るタイミングさえ間違えなければ、損失は最小限に抑えられます！ そのためにも自分で決めたルールを厳守してください。

お金持ちになる知識⑫

先を見通しにくい相場でどう闘うか

2020年の3月、新型コロナウイルスの影響で世界の株が一時的に暴落しました。政府が莫大な資金を注入したこともあってだいぶ持ち直しましたが、「二番底」がくる恐れもあります。

こういうときほど長年いわれてきた投資の格言や相場の鉄則に従いましょう。

例えば投資の格言に、「落ちてくるナイフはつかむな」というのがあります。つまり、株価が落ちているときには買わず、そのまま落としておく。そして、底をついて反発したら、そこで買うのです。

間違っても、短期で勝負をしようと思わないことです。乱高下するような市場では、プロたちがさまざまな思惑で莫大な資金を投入しています。そこにあまり勉強もせずに参入しても、ことごとくつぶされます。

見たこともないような相場に遭遇したとき、「自分の勘は特別だ」なんて思うのは禁物です。鉄則や王道といわれるものは、長年の歴史に裏打ちされているからこそ原理・原則なのです。自分のつたない経験よりも信頼性が高いと心得ましょう。

とはいえ、底値を見極めるのはとても難しいもの。では、どうするかといえば、全力をつぎこまず、少しずつ買っていきます。

ポイントとしては、自分が「このくらいまでは下がるかな」と予想した価格より、「さらに3割くらい下がるかもしれない」ということを、頭に置いておくこと。そこまで下がっても耐えられるくらいの余力を残しておきましょう。

そして万が一、投資したお金がゼロになってしまったとしても、そう深手を負わずに生きていけるかどうかと考えてみてください。株などのリスク資産を買うときは、たとえそのお金がなくなってしまっても「いい勉強だったな」と思えるような金額にしておくことです。

これらを守っていれば、株価が下がっても「ああ、下がったなあ」と思うくらいで、「こんなに下がっちゃった！ どうしよう」などとあわてることもありません。

5年、10年で見たら、今の相場は100％安いといえます。長期で考えれば、今は絶好の始めどき。5年後には、「あのコロナのときに始めたから安く買えたよね」と言えるようになります。

今から始めるのであれば、長期的に見て安定している銘柄をおすすめします。

投資は世の中をよくする愛の活動

株を買う人の多くは、「これで儲けてやるぜ！」という気持ちで買うのでしょう。実際に「投資でカンタンに1億円稼ぐ！」といった本が売れていることは知っています。

もちろん株で稼ぎたい人は、ぜひガンガン稼いでください。

ただ、私としては、株を買うことをきっかけに、「投資ってなんだろう？」と考えてみてほしいのです。

私にとっての投資は、ただの金儲けではなくて愛にあふれた行為です。

自分の大事なお金を自分が応援したい企業に使い、その企業が成長していくからこそ自分のお金も増えていく。これはＷｉｎ－Ｗｉｎの関係になりますよね。

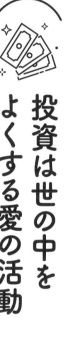

さらにその企業はきっと世の中をよくしていくでしょうから、社会にとってもメリットがある。「自分」と「企業」と「社会」で「三方良し」の関係ができます。

「値上がりしていく株を選べるようになる」と前に書きましたが、それは「自分が本当に買う意義を感じる銘柄を選べるようになる」ことにつながります。

意義のあるお金の使い方はどういうものなのかをよく考えると、お金に対するとらえ方が変わってくるし、投資して経済を拡大させていることに、喜びを感じるようになります。

自分の本業をこれから頑張っていくぞ！　という若い人には、「未来の社会は自分たちがつくるんだ」という認識を持っていただきたいと思っています。

その手段としてお金の使い方があり、投資もその選択肢のひとつです。

こうした投資の本質に気付ける投資家を、もっともっと世の中に増やしていきたいと思っています。

お金持ちになる知識⑬

新型コロナウイルスで、世界はどう変わる?

私たちの生活は、コロナのおかげで大きく変わろうとしています。これから投資をするなら、コロナ後の世界を予想してみなければなりません。

不動産でいえば、テレワークやリモートワークが一気に加速しました。これからは、人が集まる業種、仕事は減っていくことが容易に予想されます。そうなると、わざわざ都心の狭くて家賃の高いマンションに住む人は激減していくでしょう。

それより、地方都市や、新幹線の停まる金沢や岡山といったコンパクトシティ、あるいは北海道や沖縄といった環境のよいエリアが人気になると思います。こうした地域に、ＤＩＮＫｓが住むような１ＬＤＫ、２ＬＤＫのマンションが増えるのではないでしょうか。

投資先として考えるなら、これから都心の狭いワンルームマンションを買うより、地方のそうした物件を狙うほうがいいと思っています。

株で考えるなら、鉄道などのインフラ系より、５Ｇに代表される通信関連などのソフトウェア、また健康ブームによる予防医療や健康産業などの人気が高まるかもしれません。

　世の中は、そのときどきでトレンドが変わります。社会の情勢が変わったとき、次にどうなるのか。そこをきちんと自分で考えられなければ、投資で成果は出せません。この1点だけは、絶対に変わらないことです。

第4章

ついに念願のマンション1棟買い！

不動産投資の勉強を始めた私は、
セミナーに出ても「こんなお嬢ちゃんが……」と
ナメられ、相手にされません。
それでも頑張って、ようやく念願の1棟買いに成功！
ところが、おかしな詐欺話に乗せられ……。

思い出のホテルが売りに出される

ソルジャーとして「予算」の達成に全力投球していた私のもとに、ある日ショックな情報が舞い込みました。

私にとって思い出の詰まった地元のホテルの売却が決まったというのです。

そのホテルにはゴルフ場があり、ゴルフ好きだった祖父が幼い私をよく連れていってくれました。

さらには、家族で朝ご飯を食べにいっていた別のホテルも売りに出されることに。

懐かしいホテルが2つも売りに出されてしまう……。

私の大切な思い出までも奪われるような寂しさを感じました。

そしてふっと思ったのです。

じゃあ、私が買おうかな。2億あればホテルがひとつ買えるのか。

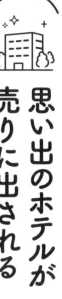

当時の私はまだ就職して2年目のサラリーマンにすぎず、またサラリーマンの生涯年収が3億円だということも知っていましたから、2億円なんて果てしなく遠い世界でした。

そっかー。いや、無理だわ。親に「貸して」って言っても貸してもらえる額じゃないし。「何言ってんだ、お前は」って怒られるのが関の山だな。

ホテルを買うという妄想はすぐに消えましたが、このとき私の中に「地元をなんとかしたい！」という強い思いが生まれたのです。

ホテルが売却されることになった理由は、後継者がいないことでした。観光客をうまく集められず、「ホテルをやりたい」という人が出てこなかったんですね。

実は私も以前から、「ここにはホテルがあるのに観光客がいないな」と思っていました。

地元には温泉街もあるし、いくつか名産もあります。「知る人ぞ知る」という観光スポットや美味しいものがたくさんあるのに、うまくＰＲできていないんです。

また、交通の便も整備されておらず、バスが走っていなかったり、夜遅く駅に着いても、ホテルまで行くタクシーが走っていなかったりということがありました。

素材はあるのになんか惜しいんだよなあ。だから観光客が集まらないんだよな。

そう考えていたところにホテルが売られるという話を聞いて「ついにこのときが来たか」と思いましたし、同時に「私だったらもっと上手にできるのに」とも思ったのです。

◉――そうだ、市長になろう！

私の生まれ育った街が寂れていくのは嫌だ。

私だったらもっとうまくやれる。

街全体を活性化するために、自分にできることはなんだろう。

そう考えたとき、ひらめいたのが「そうだ！　市長になろう」ということでした。

一時期かなり真剣に市長になることを考えていましたが、市長になった後のことを考えれば考えるほど、今がそのタイミングじゃないとわかりました。

私はまだ25歳。もっと広い世界を知ったほうがいいはず。日本全体も、世界も見ていかなければいけないのに、市長になってその土地に居続けるっていうのはどうなんだろう……。

やることは結局政治だから、年功序列に従わないといけないし、忖度《そんたく》もしなきゃいけないことも多々あるだろう。そうすると自分が本当にやりたいことを１００％できなくなっていくだろう……。今考えるとちょっとおかしいですが、このときは真剣にいろいろと考えました。

もちろん起業して、ホテル事業をやってみることも考えました。でも絶対に融資を受けなければいけないし、莫大な借金を背負いながらホテル事業をやって成功するという自信も、そのときはありませんでした。

結局、最終的に行き着いたのが、

「民間で成功して、そのお金や影響力で地元を変えていく」

ということでした。

その当時、私がハマっていたのが「アベンジャーズ」という映画です。登場人物の中でも主要キャラクターのアイアンマンであるトニー・スタークが一番好きでした。

彼は軍事関係の仕事をしていて超お金持ちです。民間だから忖度せずに言いたいことを言えて、巨額のお金を使いながら自分の思う正義を果たしていきます。

トニー・スタークの生きざまを見て「そうか、その手があるぞ！」と思いました。規模は格段に小さいですが、私もアイアンマンになって、忖度や圧力に屈せず、自分が心から正しいと思うこと、やりたいと思うことをやっていきたい。

それなら民間で成功しないとダメだ。

さっそく私は自分の得意分野を棚卸しして、「今の自分の知識を活かせるのは投資だ」という結論に達しました。

しかし、証券会社の社員は、株式の売買には非常に制約があります。買う前にいちいち審査を通さないといけないし、短期売買もできません。

デイトレードもＦＸもダメ。

それなら、サラリーマンをやりながらこの知識を使ってできることってなんだろう。

そこで浮上したのが「不動産投資」でした。不動産投資なら、融資を受けても賃料で返していけばいいし、レバレッジを効かせて早く資産をつくることができそうです。しかも当時の政策は金融緩和にあり、銀行がお金を貸したがっているうえに低金利でした。

よし、不動産投資だ！

このときから私は不動産投資に向けて、がむしゃらに進み始めました。

不動産セミナーでナメられる

平日はソルジャーとして働きながら、不動産投資に関する本を１００冊以上読破し、週末にはせっせと不動産セミナーに通いました。

多くは業者さんのセミナーで、私はいつも一番前に座って講師のお話を一字一句聞き漏らすまいと必死でメモを取っていました。

しか～し！

セミナー後の個別相談では、いつも最後に回されてしまうのです。しかも私の担当は必ず一番若い人、経験のない人が当てられます。

話も聞かずに居眠りしていた隣のおじいさんが最初のほうに呼ばれていくのを横目で見ながら、

「こんなにやる気満々なのに、なぜ！」

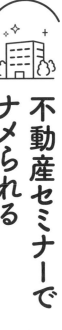

と、毎回憤っていました。

こちらはあくまでも敬語で話しているのに、担当者は私が若い女性だというだけで最初からタメ口でした。

「お勤め先は？」と聞かれて会社の名刺を出すと、突然敬語に変わるのもさらに腹が立ちました。明らかに私にではなく、大手証券会社の看板に対して手のひらを返しているのがわかるからです。

回される物件も、まったくこちらの条件を満たしていないものばかりでした。

私もある程度勉強しているし、物件の良し悪しくらいはわかります。

それなのに「コイツなら言ったら買うんじゃないか」みたいに思われ、完全に売れ残りの物件が次々に回されてくるのです。ソルジャーとして鍛えた鋼のメンタルもさすがに萎えてきました。

●──「投資の目的」と「将来のビジョン」があればブレない

毎回、個別相談会で謎に待たされる1時間を過ごしながら、私はいつも思っていました。

これ、死ぬほどナメられてるってことだよなぁ。

誰も私が本気で物件を買おうとしているなんて思っていないし、買えるとも思っていない。

私の存在なんて社会的に見るとこんなもんなんだな。

やっぱり、私には無理だったのかも。もうやめようかなぁ……。

そんなときいつも立ち返っていたのが、「なぜ投資をしようと思ったんだっけ?」という「投資の目的」と、「お金を手にして何がしたいんだっけ?」という「将来のビジョン」でした。

私は大きなお金を手にするために投資を始めた(投資の目的)。

なぜなら、その資金をもとにして、衰退していく地元や地域を活性化させるために(将来のビジョン)。

だから絶対にやり遂げねば!

これは不動産投資に限った話ではありません。

自分は本当に何がしたいのかという自分の人生の「願望」を思い描き、将来どんな姿になり、どう生きていきたいのかという「ビジョン」を明確にして、それを現実にするために何をするのかという目標を立てる。その「願望」や「ビジョン」など、人生の「目的」を強く抱いていないと、次々に発生してくる問題に負けてしまい、目先の利益に簡単になびいてしまいます。

私はこうした考え方を、『目標達成の技術』（青木仁志著 アチーブメント出版）という本で学びました。

詐欺に遭う人、カモにされる人のほぼ100％は、「投資の目的」と「将来のビジョン」が曖昧です。

ただ単に「とりあえず1000万円くらい欲しいな」とか「月に5万円ぐらい稼げたらいいかな」程度に考えているから、「ちょっとオイシイ話」にやすやすと乗ってしまうのです。

何のために投資をするのか、思い描く願望やビジョン、目的は人それぞれ違います し、何に投資すべきなのかも違って当たり前です。

私が不動産で成功したから「じゃあ、不動産をやればいいってことだ！」というのは短絡的すぎます。

私には「自分の地元を活性化したい」という将来のビジョンがあり、必要な金額の規模感もなんとなくわかって、その規模感のためには「今なら不動産だ」という逆算をして不動産賃貸業を始めました。

単純に、「不動産が稼げるらしいから、やってみようか」と思って手を出すと、間違いなく１００％失敗します。

最近は「老後資金のためにワンルームマンションを買いましょう」「女性もマンションを買えば一生食べていける」などという本をしばしば見かけます。

でも、不動産投資はそんなに甘いものではありませんし、売買で扱う金額は数千万から億単位と、積み立てや個別株に比べて３桁も４桁も違います。

何よりこうした本に違和感を感じるのは、不動産収入は決して「不労収入」などではなく、立派な「労働収入」だということです。

私は、ラクして稼ごうという考え方は好きではありませんし、賛同しません。稼ぐためには相応の努力が求められますし、その努力の根本にあるものが強い人生の願望、人生の目的だと考えています。


自分は何のために資産をつくりたいのか。資産を持った先に何がしたいのか。そもそも人生において何がしたいのか。そのためにどれくらいのお金がいつまでに必要なのか。

こうしたことが明確にわかってから、逆算して何に投資をすればいいのかと考えるのです。

たいていの人は順番が逆で、まず何に投資をすればいいのかと考えるから、まとまった資産をつくるのが難しいのではないでしょうか。

ついに！初めての1棟買い

２０１５年の10月、ついに！　念願の１棟買いを果たしました。私は26歳になっていました。

その頃、名古屋でのセミナーには行きつくし、東京のセミナーに遠征していました。そこで出会った業者さんから、初めてちゃんとした物件を提案してもらえたのです。愛知県にある重量鉄骨アパートで、１Kロフト付き、築18年。販売価格は４８００万円。利回りは10・79％でした。

その当時の私自身が住みたいかどうかというよりも、大学生の自分だったらどうだろうという基準で考えてみました。ある程度需要のあるエリアで、駅からもメインの通りにあり、行き帰りに便利な立地条件……。

私なら、全然住む！

というわけで、物件を見に行った翌日には購入を決めてしまいました。

セミナーでさんざんナメられまくった経験から、私はお金も少ないし、年齢も若いし、一般的な買主さんに比べると、自分にはまだ価値がなくて優先順位も低いとわかっていました。

だったら「スピード勝負」しかありません。

案内された日に即見に行きましたし、即買付申込書を提出しました。

その頃、アベノミクスで保有株が順調に上がり続け、持ち株も続けていたので資産は５００万円ほどになっていました。そのうち２５０万円を自己資金とし、不動産会社から紹介された金融機関で金利３・１７５％、返済期間32年のローンを組みました。

即レス、即見、即入金と、「本当にやる気がある」というのを見せ続けて、やっと買えたという感じです。

読者の中でも20代、30代の方には、私と同様に「若い」というハンデがあります。

けれど、そこで折れてしまわずに、**スピード勝負、熱量で勝てばいいのです。**

購入したマンションを見上げて、私は「これから、ここから始まるんだ」と感無量でした。

これまで株や投資信託など数字でしか表わせないものだけを買っていたのに対し、不動産は現物です。しかも建物1棟なのでけっこう大きく、「これが自分のものになったんだ」と、感慨もひとしおでした。

結果的に4500万円を超える大きな借金を追うことになりましたが、不安よりもワクワク感のほうが圧倒的に大きかったことを憶えています。

管理会社にもナメられる

その物件は、10室のうち半分の5室が空いていました。

この空室を埋めていかなければいけないのですが、なぜか一向に埋まりません。

「今週、どうでしたか?」と聞いても、「○件案内したけど、ダメでした」「問い合わせは○件あったんですけどダメでした」としか報告してくれません。

なぜダメだったのかという理由はなくて、ただ「ダメでした」という返事が続き、さすがに「本当に案内してくれているのかな?」という疑いが私の中に生まれてきました。

当時住んでいた実家からその物件までは、車で1時間半くらいかかりました。だからあまり現地に足を運んでいなかったのですが、「やはり行こう。買ったんだから行かなくちゃ!」と思って出かけてみると……。

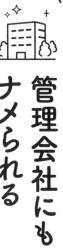

行ってびっくり！

空室のポストにはチラシがパンパンに詰め込んであります。

管理会社さんにお願いして部屋を見せてもらうと、ドアを開けた瞬間に湿気がモワッと出てきました。

長期間水を流していないので、排水溝の水の匂いが上がってきています。

極めつけは、ベランダに上階の人の洗濯物が落ちていました。

これはどう見ても案内していません。

そうです。ここでも私は管理会社さんにナメられ、ウソの報告を上げられていたのです。

●――アメとムチを使い分けて空室を埋める

管理会社さんもたくさんの物件を抱えています。

その中で自分の物件の優先度を高めてもらわないと、空室は埋まりません。

私の優先順位は下のほうで、多分「適当にやっていればいいだろう」という感じだったと思います。

そこに気付いてから、私は管理会社さんへの接し方を変えることにしました。「何件問い合わせがあって、何件案内して、何件ダメだったか。ダメだった理由と、それに対しての改善策を毎週報告してください！」とかなり厳しく言いました。


しかし厳しくするだけでは相手とリレーションが築けません。同時に教えを乞う作戦も使いました。

「私は初めて買った物件なのでやり方がよくわかりません。だからプロのご意見をうかがいたいんです」「ぜひ教えていただきたいんですけど、こういう物件ってどうしたら埋まるんですか？」など、こういう質問をどんどん投げていくと、次第に「それならこういう対策法があるから、やっておきますね」「ポストをきれいにしておきましょうね」などと相手から提案が出てくるようになります。

そこで「そうですね、お願いします。私気付かなかった！」と相手を立てて、自発的に行動していただくのです。このリレーションの築き方も、ソルジャーとしての営業経験が非常に役に立ちました。

また、管理会社さんに行くときは、絶対にお土産を欠かしませんでした。担当者は男性だったので、彼に対してのお土産はもちろん、「みなさんで召し上がってくださいね！」と女性スタッフさんへのお土産も手渡して、担当者さんの株が上がるように仕向けました。

さらに、担当者さんに頼んで客付け会社に一緒に行ってもらうこともしました。

実は管理会社には、物件を管理する「管理会社」と、お客さんをつける「客付け会社」の２つがあります。

これ、お土産です！
スタッフのみなさんにも
いつもすみません…
ポスト見ておきますね！

管理会社は自分のところでお客さんをつけられない場合、客付け会社に回すのです。その分手数料は減りますが、早く埋まったほうがいいからです。

ただ、管理会社の担当者にとって、オーナーと一緒に客付け会社に出向くことは、とても面倒くさいことで、嫌がるんですよね。

私はそこを利用して、「この日までに埋まらなかったら、一緒に客付け会社を回ってもらえませんか？　私も早く埋めたいんで」と期日を切って頼みました。

すると、行きたくないがために担当者が頑張って、早く埋めようとしてくれます。

こうして飴と鞭を使い分けながら半年で5件を埋め、満室にしました。

空室リスクはコントロールできる

物件は立地などの条件をよく考えたうえで購入していますが、それでも空室のリスクはあります。

空室を埋めるためにやりがちなのが賃料を下げることです。

しかしこれは安易なやり方で、投資としては向いていません。賃料を下げると利回りが下がり、売るときに苦労するからです。

投資において利回りを下げることは絶対にやってはいけないことです。

それに、賃料を下げる前にできることが山ほどあります。

まず考えられるのが、エアコンを付け替える、テレビ付きのモニターホンに変えるなどの設備投資です。

さらに、「フリーレント」という方法もあります。

賃料を下げると利回りが変わりますが、「1か月無料」なら利回りは変わりません。お客さんにとっても万単位でお金が浮くので、1か月であってもフリーレントはかなり嬉しいですよね。

私はそういう技術をことごとく使って、半年で5室を埋めました。

その経験から、**「空室リスクはコントロールできる」と断言します**。

「なぜか人が来てくれない……」という考えになりがちですが、空室が埋まるか埋まらないかは運ではありません。自分の工夫と努力と行動力によって十分コントロールしていけるし、その技術さえ体得できれば、空室リスクは怖くないものに変わっていきます。

「自分ではコントロールできないと思っている領域」を、いかに「コントロールできる領域」に持っていけるか。そこを考えることがとても大切です。そうすれば、リスクを徐々に減らしていくことができ、不動産投資は怖いものではなくなります。

不動産投資は厳密には「投資」ではなく、「不動産賃貸業」という事業なのです。

◉——トントン拍子でもう1棟！

念願の1棟買いを果たした後、すぐにまたもう1棟買いました。

サラリーマン3年目にして、26歳で2棟のオーナーとなったのです。

2棟目は、同じく愛知県のマンションです。地下鉄の駅から徒歩3分という好立地で、最初から満室でした。

別の業者さんが扱っていた物件で、タイミングとしてはたまたま1軒目のすぐ後になりましたが、実は以前からアプローチしていました。

ただ、2棟のマンションのオーナーとなっても、私の生活水準が上がったわけではありません。

不動産で得たお金は、基本的に次に購入する不動産の頭金にします。

投資用のお金はお給料やボーナスから出していたので、昇給していたとはいえ、さほど手元に残らず、相変わらずの節約生活でした。

お金持ちになる知識⑭

資産を増やし続ける物件の条件とは

不動産投資をする場合、「どういう物件に投資をするのが正解なのか」という判断基準を、自分の中で必ず明確にしておく必要があります。

私にとっての正解は、「資産を増やし続けていけること」です。

1棟、2棟買って、「家賃収入によるキャッシュフローが月に10万ぐらいあればゴール」というわけではなく、「どんな物件を選べば、銀行の融資を受けながら資産を増やし続けていけるか」ということを考えました。

私にとってのゴールは、民間の立場から地域活性化をしていくこと。

そのためには十分な量としての資産が必要。

金融機関に勤めていたからこそわかる知識を駆使し、たどり着いた「私の正解」がこちらです。

まず、自分の資産を客観視するためにバランスシート（B／S）をつくりました。

「貸借対照表」と呼ばれることもあり、左側が資産、右側が負債と純資産という構成です。

私の資産は何かというと、現金と株の2つです。不動産を購入すると、不動産の価値も資産に入ってきます。

一方、負債は銀行からのローン。今後負債が大きくなっていくことを考えると、純資産を絶対にプラスにしていかなければいけません。資産に対して負債が大きくなると、いずれ融資が頭打ちになり資産形成がそこでストップしてしまうからです。

実はだいたいの不動産は、不動産の価値よりもローン金額のほうが大きいのです。特に区分マンションはそうです。

なぜかというと、日本は土地にとても価値を置いていて、上物《うわもの》（建物）は減価償却で木造だったら22年、鉄筋コンクリートだったら47年で価値がゼロになってしまいます。

区分マンションを買うということは、その土地に立っている建物の一部を買うことになり、手に入る土地の面積は、建物の区分所有者で分け合うためにごくわずか。そのため不動産価値はほぼありません。

それなのに、上物の金額によってローン金額が決まるので、純資産がマイナスになってしまいます。

このB／Sだと、銀行はお金を貸してくれません。だから区分を買うのではなく、1棟買いをすることにしました。

さらに、銀行の評価にも2パターンあることに注目しました。

1つは、「収益還元法」で、家賃がいくらで利回りがいくらで、具体的なキャッシュがどれだけ出るのかということで判断します。これは区分マンションを中心に使われる評価法で、わりと簡単に評価ができるので、銀行が融資を出しやすいというメリットがあります。だから、多くの人はこれで融資を受けますが、利回りと自分の年収が限界になったら、そこで頭打ちになってしまいます。

もう1つが「積算評価法」です。これは土地と上物を合わせた積算価格で融資の額を決める方法です。そこで私は積算評価が出る物件を買い、純資産を増やしていく作戦に出ることにしました。


私が短期間にここまで資産を増やすことができたのは、これが理由です。

積算評価が出る物件は、土地付きの物件であればなんでもいいというわけではなく、エリアの路線価、広さ、上物の価格も含めて判断されます。そもそも物件数が多くないので、なかなか紹介してもらえません。最初の1棟を買うときに時間がかかったのは、この条件で依頼していたことも原因にあると思います。

ほかにも不動産購入の際に気にしていることがありますので、次ページ上の表を参考にしてください！

不動産購入の際にチェックするポイント

住みたい物件か、入居者の気持ちになって考える
放置自転車はないか、ゴミ置き場やエントランスはきれいか
駅からの道のりはどうか
駅前の仲介業者に該当物件や、そのエリアの感触を聞く
10年、20年後の想定借入金利、金額、築年数を出して、10年後、20年後の残債を計算し、その築年数で売りに出ている物件と比較する

B/S（貸借対照表）の模式図

資産	負債
・預金 ・有価証券 （株、債券、投資信託など） ・不動産 ・車 ・生命保険 （解約した場合）　など	・不動産融資 ・カードローン ・クレジットの残高 ・奨学金　など
	純資産

B/S（Balance sheet）とは、日本語で「貸借対照表」といって財務状態を表わすもの。左側の資産に対して、右側に借金と自己資産を示す。左右がバランスすることから、バランスシートと呼ばれる。

調子に乗って騙される

2棟を一気に買った後もずっと勉強は続けていたので、いろいろなセミナーにも出ていました。

セミナーの自己紹介のときに「今こういう不動産を持っています」と話すと、「そんなに持っているんだ。すごいね！」「もう1億もあるの？」などと感心されることが増えてきました。

だから私も「自分ってできるんだ！」とちょっと調子に乗っていたんだと思います。

「そうだよね、これからは新しいことに挑戦していかなくちゃ！」というヘンな自信を持つようになっていきました。

そんなある日。

あるセミナー講師が「不動産もいいけど、事業投資に挑戦してみない？」と声をかけてきたのです。

某地方都市で新しく商業施設をつくるプロジェクトがあり、そのうちの1店舗分のオーナーになってみないかという誘いでした。私が「地方創生をしたい」と言っていたので、その言葉にうまく絡めての勧誘でした。

「店長さんはほかに雇うから、そこの初期投資分に出資しないか。この地域の活性化に大きく貢献する施設だから」と言います。

金額も１００万という頑張れば出せなくはない絶妙な金額でした。

私も「これならいいかもなあ」と思って出資することにしました。

さっそく１００万円を振り込んだのですが……。

オープン３日前になっても、施設はまだスケルトンの状態でした。話を持ちかけてきた講師も音信不通のままです。

「やられた！」と思いました。

その事業投資に対して、私は詳しく調べなかったし、途中経過も細かく追っていませんでした。これはもう、私の落ち度でしかありません。

被害者の会もできましたが、私は高い授業料だったと割り切ることにしました。

この痛恨のミスを通して再確認したことは、「やっぱり知らないものには投資しちゃいかん！」ということです。

それ以降、**金融庁の許可が下りたものに限定して投資をしています。それでも十分増やしていけます。**あなたもぜひこのことを覚えておいてくださいね！

お金持ちになる知識⑮

投資をするなら金融庁の許可が下りたものに

よくわからない事業に手を出して失敗したという、私の残念な実体験を本文で紹介しました。同じような失敗をしている人は、実はかなり大勢います。

とくに20代後半から30代くらいの、ある程度お金ができて「そろそろ投資をしようかな」と思い始めた層や、主婦層に被害が多く出ています。

被害の内容を見ていくと、私が引っかかったのと同じように投資セミナーで講師から話を持ちかけられたというパターンがほとんどです。

よくあるのが、高利回りを謳う「海外の投資信託」や「海外の保険」を買わされるというもの。

「私を通して買えば年利7％の保証付き」なんていう言葉に騙されてしまうんですね。さらに「海外の商品だから節税になりますよ」という甘い誘いもあります。

売る側にしてみれば、売れば売るほど手数料が入ってくるのでセールストークを駆使してガンガン売ってきます。最近は保険の外交員もこうした商品を売るようになりました。悪意ではなく、本人に知識がなくて「自分はいいものを売っている」と信じて売っているケースも多いようです。

売られた側にも知識がないので「将来のために、これからは海外で運用するほうがいいらしい」「節税できるならお得かな」「利回りが7％もあるなんてすごいな」とつい買ってしまうんです。

では本当にその人を通さなければ7％の利回りの商品は買えないのかというと、そんなことはありません。普通の証券会社の窓口で同じ商品を買えば利回りが実は9％だった、なんてこともあったりします。高利回りに見えた7％も、手数料として謎の2％を差っ引かれた後の話です。

また節税の件も、つみたてＮＩＳＡなら節税どころか非課税でできます。利回りもアメリカのＳ＆Ｐ５００に連動するものなら、この30年間の平均利回りで9％です！

個人から買う海外の投資信託や海外の保険の大元をたどっていくと、実は海外のマフィアにつながっていたりするんです。

もし破たんしても、誰も責任を取ってくれません。

日本の金融庁の許可が下りていないものは、日本の国は守ってくれないからです。

実際に、利回りが出ない、配当が入らないなどで一部訴訟になっています。

ここまでお話しすればもうおわかりですよね？

投資をするなら、一般の証券会社で扱っているような金融庁の許可が下りたものに限定する。これが鉄則です！

サラリーマンでいることに疑問を持つ

２０１６年には１億５０００万円と９２００万円のマンションを買い、合計４棟のマンションのオーナーとなった私の資産は、３億７４００万円になりました。

この頃になると、家賃収入から経費と返済と税金を引いて最終的に残ったキャッシュフローが、証券会社の社員としてもらっていた年収を超えました。だいぶ物件の買い方もわかってきたので、不動産で十分生きていけそうです。

次第に「私はこのままサラリーマンとして働き続けることが正解なのか」と疑問を抱くようになりました。

なんだかんだいっても、証券会社のソルジャーとして仕事を続けるのはかなり大変です。

ひとりひとりの予算が厳しい上、私は同期の2倍から2・5倍を任されていました。

でも、不動産関係のことにかける時間を確保するため、仕事は就業時間内に集中して終わらせ、定時で帰っていました。

だから残業代がほとんどつきませんでしたが、ふたを開けてみると残業している人のほうがお給料が高かったのです。正直、「こんなに大きな予算をこなしているのに、私のほうがぜんぜん低いんだなぁ……」と思うこともありました。


もうひとつ大きかったのは、「何を売るか」という問題です。

第2章でも書いたように、フロービジネスからストックビジネスへという世界的な流れの中で、2014年頃から証券会社全体もストックビジネスに切り替えようという動きが始まっていました。

ストックビジネスは、お客様の資産が増えれば我々の資産も増えるという、お互いWin-Winになるスタイルです。

私もそこに意義を感じながら、預かり残高に対して信託報酬をもらうというストック収入を積み重ねて予算を達成していきました。

しかし、売買時の販売手数料収入にあたるフロービジネスのほうが手っ取り早いのです。お客様に損切りしてもらって株を売らせ、また別の株をすすめて買わせ、フローを積み重ねて予算を達成していく。こういう人たちがたくさんいました。

私はだんだん「果たしてこれが私のやりたい世界なんだろうか……」と思うようになっていました。

物心ともに満たされた生き方がしたい

ソルジャーになって3年。ここまで全力で働いてきました。仕事にはやりがいを感じていたものの、成績を出すために数字ばかりを追いかけて焦ったり、ストレスから身近な人にやさしくできなかったりすることも多々ありました。

全力でやらないと満足できない性格だったため、無理を重ね、不眠症になったり胃に穴が開いて救急車で4度も運ばれたり。

そんな自分の生き方を振り返り、もっと心が豊かになるような人生を送っていきたい！　と思いました。いや、心だけではダメです。経済的に満たされていないと、精神衛生上よくないことは、学生時代の極貧生活から学びました。

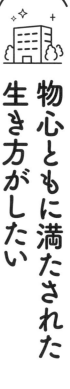

私が本当に望んでいるのは、精神的にも経済的にも満たされた人生。

そして、私の活動を通して、ひとりでも多くの人が物心ともに満たされた状態になってほしい。そうしたらみんなが正しい判断ができるようになって、社会が全体的によい方向に進んでいくのではないか。

この新しいビジョンが見えたとき、もしかしたら自分は不動産投資家として独立し、自分の目的を達成する生き方にシフトしたほうが早いなと思いました。

実はその頃、お付き合いをしている人がいて、結婚の話が持ち上がっていました。もちろん上司からはめちゃくちゃ慰留されましたが、寿退社ということで、結局は認めてもらえました。

ほどなく夫は東京に転勤になり、私も一緒に上京しました。27歳のときでした。

第5章

長いものに巻かれた者が勝つ

投資で成果を出し続けるには、
その時代に合ったものに投資するのが大事です。
今は株が有利なのか、
それとも不動産投資がよいのかなど、
自分で考え、判断できる力を身に付けてください。

2億円の物件を買って
ひと安心

２０１７年、28歳で夫と上京しました。

そのタイミングで立て続けに購入したのが都内の４５００万円の物件と、愛知県内の2億円の物件です。

トータルで6棟のマンションを手にし、資産は持ち株、個別株、家賃収入など合計して6億３０００万円ほどになりました。

私の中では、特に2億の物件を買えたことがすごく自信になりました。

2億円という金額は私にとって非常に大きな金額でしたし、物件の内容も心から満足できるものだったからです。

愛知県にある16部屋のマンションで、立地がよいことと、売価が2億円であるのに対して積算価格（土地と建物を別々に評価し、２つを合わせた評価額）が2億４００0万でした。

買った瞬間に４０００万円もトクするという、夢のような物件が相続で売りに出てきたのです！　先方は売り急いでいるようだし、なんとしても手に入れたいと思いました。

そこで威力を発揮したのが、ソルジャー時代に磨きに磨いた営業テクニックでした。

銀行はこうして開拓せよ

ここまで読んできて「どうしてそんなに都合よく銀行が融資してくれるの？」とか、「いったいどの銀行に行ったら、多額のお金を貸してくれるの？」と不思議に思ったかもしれません。

銀行が都合よくお金を貸してくれる……なんてことは絶対にあり得ません！

すべて自分で銀行を開拓していった結果です。

昔、不動産投資がイケイケだった頃は、不動産業者さんが物件も銀行融資も両方セットで持ってきてくれたので、買う側はそれほど努力しなくても大丈夫でした。

しかし今は時代が違います。

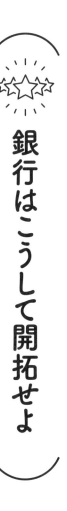

物件は不動産業者さんにお願いすれば探してもらえますが、銀行は自分で開拓しなければなりません。

銀行開拓ができる人は現状ほとんどいませんが、これから資産形成のために不動産投資を始めようという人にとっては必須です。

では、実際に私がやっていたテクニックをお伝えしましょう。

まずは銀行のリストづくりです。

自分が住んでいるエリア、職場のあるエリア、買いたい物件のあるエリアにある銀行をすべてピックアップし、エクセルでリスト化します。

リストの中には銀行名と電話番号を入れ、ヒアリング項目を書き込めるスペースを設けます。

次にリストの順番に電話していきます。

電話で話すのは、「自分が何者か」「不動産賃貸業を考えているので融資を受けたい」「つきましては一度お会いしたい」という3点です。

すぐにアポが取れればいいのですが、大概は無理でしょう。しかし本番はここから。そこで引き下がってはいけません。

「エリアがね、うちは○○区までしかやってなくてね」とか、「そもそも不動産融資はやっていません」などと言われるので、「どういう基準だったらいいんですか？」「どうして今、融資をやってないんですか？」と聞き返し、データを取ります。

これをやっていくと、だいたい50件電話したうちの5件くらいはアポが取れます。

アポが取れたら会うまでに、資料と直筆の手紙を送ります。

資料の中味は、①自分の3期分の確定申告書ないしは源泉徴収票、②自分が持っている物件の資料（あれば）、③現在の金融資産一覧（どの銀行にいくらあるか、どの証券会社にどんな株があるかといった自分のすべての金融資産）、④購入希望、もしくは希望に近い物件でつくった返済シミュレーション。この4つです。

そのほかに、今までどういう経緯があり、今どういう思いから融資をしてほしいのかということを簡単にまとめたストーリーを、私は直筆で便箋5枚ほど書いて担当者に郵送しました。

これらを先に送っておけば、会うまでに目を通しておいてくれるので、実際に会ってからの時間が短縮できます。

また、直筆で手紙を書いてくる人もそうはいないので、そこでも差別化が図れると思いました。

稟議書を代わりに書いて融資をゲット

2億の物件で融資をしてもらった銀行からは、実は一度、お断りをされました。

お断りの理由としては、そもそもエリアがダメとか、その土地から引っ越したらダメなどいろいろあります。その銀行の担当者からは「資料を拝見したんですけど、稟議書が通らなかったんです」との返事をもらいました。

稟議書は、いわば作文です。その担当者がどれだけこの稟議を上げたいかという熱量と、文章力が問われています。

稟議書が通らなかったのは、この人が書いた稟議書がダメだった可能性がある。私という人間を信用してもらえたら、勝てる話なのかもしれない。


じゃあ、私が書く！

そこで、自分の生い立ちから、家族背景、今までやってきたこと、不動産賃貸業のビジョンと目的、実現した暁には地元が活性化し、ひいては世界がよくなります！というストーリーを書き、担当者に「もう一度、これで稟議書を書いてください」と渡しました。

その結果。

見事ＯＫが出て、融資してもらえることになったのです！

謎の隠し部屋で大演説！融資金利を引き下げる

2億円の融資の口座は、その銀行の本店で開設しました。

そもそも本店営業部で新規の顧客が融資を受けることは非常に難しく、しかも2億もの金額というのは超イレギュラーなことです。私も初めてのことで少し緊張していました。

目を閉じると、今でもありありと思い出せます。担当者さんの後をついて本店の長い廊下を歩いていたときのことを。

壁に突き当たり、行き止まりかと思いきや、壁から隠しボタンがパカッと出てくるではありませんか！

担当者さんがピピっとボタンを押すと、その扉が動き、なんとさらにその奥に廊下が現れました。**壁に見えたのは、実は隠し扉だったのです。**

通された応接室に入りながら、「本当にこんな世界があるんだ！」と、私はすっかり感動していました。

普段は窓口かブースで対応され、せいぜい衝立《ついたて》があるくらい。すべてが大違いです。書類に記入していると、担当者さんの上司、さらには本店の営業部長もわざわざ挨拶に来てくださいました。

雑談の中で「なぜ若いのに不動産賃貸業を？」という話題になり、私は稟議書用に書いたストーリーをもう一度話しました。

「お読みいただいていると思いますが、不動産賃貸業で得たお金で地方創生につなげたいと思っています。同時に金融に対するリテラシーの普及活動も行っていきます。そうすることで、少しでも日本全体を底上げし、活気付いた世の中を創造できると考えているからです」

15分くらい熱い思いを語ると、聴いていた2人が「素晴らしい！」と言ってくれました。

「今までも我々は数々の不動産融資をしてきました。しかし、サラリーマンのサイドビジネス的なものがほとんどでした。こんなに若いのに、こんなにしっかりしたビジョンを持ってやっておられる方に会ったのは初めてです。ぜひとも応援させていただきます！」

支店長さんはそう言って、その場で金利を、かなりの低率に下げてくれました！

なんと当初の予定の4分の1です！

◉──「ロジック＋イメージ」で人を動かす

そもそも2億円の融資を受けられたこと、さらに金利を4分の1まで引き下げてもらえたこと。いろいろな偶然が積み重なって実現できました。

でも、やはり人生の理念やビジョンを持っていることって、すごく大事なんだと改めて思います。

大勢の人を巻き込んでいくときは、ロジックだけではなく、イメージできる部分が必要です。イメージして、そこに感動があれば人は動いてくれるのです。

プレゼンテーションでは、ロジックは事業計画書でカバーできます。たいていの人はここまでしかやらないので、他人の左脳を刺激するだけに終わります。

そこから右脳でイメージさせて、どれだけ感動を伝えていけるかが重要です。**私は「ロジック＋イメージ」をひとつのプレゼンテーションの中で効果的にできたので、金利を4分の1まで下げてもらうことに成功しました。**

結果、キャッシュがどんどん貯まるようになり、資金的にもグングン加速していきました。この2億の物件を買った経験によって、自分のステージが確実にひとつ上がったなという実感があります。

お金持ちになる知識⑯

P／Lで収支をミエル化する

不動産投資をする際に必須なのが、P／L（損益計算書）を作成することです。

マンション1棟分のP/L（損益計算書）の例

	1月19日	2月19日	3月19日	4月19日	5月19日	…
収入						
101号	¥54,500	¥54,500	¥54,500	¥54,500	¥54,500	…
201号	¥44,500	¥44,500	¥44,500	¥44,500	¥0	…
202号	¥43,500	¥43,500	¥43,500	¥43,500	¥43,500	…
203号	¥0	¥62,600	¥43,500	¥43,500	¥43,500	…
301号	¥44,500	¥44,500	¥44,500	¥44,500	¥0	…
302号	¥43,500	¥43,500	¥43,500	¥43,500	¥43,500	…
303号	¥43,500	¥43,500	¥43,500	¥43,500	¥43,500	…
401号	¥44,500	¥44,500	¥44,500	¥44,500	¥44,500	…
402号	¥43,500	¥43,500	¥43,500	¥43,500	¥43,500	…
403号	¥42,500	¥42,500	¥42,500	¥42,500	¥42,500	…
計(A)	¥404,500	¥467,100	¥448,000	¥448,000	¥359,000	…
管理料（B）	¥20,225	¥66,855	¥22,400	¥22,400	¥17,950	…
振込額（A-B）	¥384,275	¥400,245	¥425,600	¥425,600	¥341,050	…
自販機収入	¥7,871	¥4,138	¥3,986	¥8,646	¥3,431	…
収入（振込額+自販機）（C）	¥392,146	¥404,383	¥429,586	¥434,246	¥344,481	…
支出						
電気代(低圧電力)	¥7,238	¥6,535	¥6,039	¥6,623	¥6,518	…
電気代(従量電灯B)	¥10,534	¥8,976	¥8,672	¥9,756	¥7,712	…
水道代	¥33,220		¥30,238		¥21,048	…
修繕費	¥26,347					…
清掃費	¥3,644	¥3,644	¥3,644	¥3,714	¥3,714	…
経費計(D)	¥80,983	¥19,155	¥48,593	¥20,093	¥38,992	…
収入（C）−経費（D）	¥311,163	¥385,228	¥380,993	¥414,153	¥305,489	…
返済	¥177,524	¥177,524	¥177,524	¥177,524	¥177,524	…
固定資産税			¥70,000		¥70,000	…
Result						
入居率	90%	100%	100%	100%	80%	…
10部屋中	9	10	10	10	8	…
キャッシュフロー（CF）	¥133,639	¥207,704	¥133,469	¥236,629	¥57,965	…

物件ごとにシートをつくり、賃料がいつ、いくら入ってきて、返済はいつ、いくら払って、入居率はどうなっていて……などなど、収益、費用、利益を明確にします。

P／Lをつくると投資の結果が判断できますし、次にやるべき課題がわかります。例えば「ここ、空室があるから埋めよう」とか、「自動販売機は意外とキャッシュフローに貢献するからもう1台増やそうかな」などです。

不動産投資をしていない人は、家計簿をつけてみるといいですよ！　お金の管理の仕方が身についていくと思います（詳しくは196ページで説明しています）。

不動産をめぐる環境が変わった

家賃収入として年間1500万円ほど手元に残るようになったと思いきや、2018年にスルガ銀行の不正融資問題が発覚し、市況が一変してしまいました。

これだけ不動産業界が揺り動かされたのは、私の投資経験で初めての出来事でした。

銀行融資が急に引き締まっていき、今まで融資を受けられた銀行が全然貸してくれなくなったり、頭金を「不動産価格の3割は出してください」と言われるようになったり……。

風向きがすっかり変わってしまい、これまでもかなり努力しないと買えなかったのに、さらに努力をしないと買えなくなってしまいました。

その努力をして買うには不動産価格が高いな。今は無理して買う時期ではない。

どうせ買えないなら、不動産に向けていたエネルギーを別の投資に振り向けよう。そこでもう一度、金融商品を見直すことにしました。

現在私は独立系ファイナンシャルアドバイザーとして仕事をしており、デイトレードや信用取引はできません。

しかし証券会社を辞めたので、かなり自由に投資ができるようになりました。株やファンド（投信信託）を買うときに、わざわざ総務課に書類を出しに行く必要もなくなったし、スマホからでも売買ができます。それで改めて注目したのは個別株です。

第3章で書いたように、かつての私は株主優待株を中心に買っていました。

でも今はある程度売買ができるようになったので、ちゃんと利益を取れるもの、つまり値上がりするものを買っていこうと考えました。すると大型株よりも時価総額が小さめの会社を狙う方が効率的です。だからマザーズを見て銘柄を探しました。

具体的にどうやって探すかというと、ＩＰＯ（新規上場）したての会社をチェックして、「このビジネスモデルはこれからの世の中に必要とされるだろう」という、例のストーリーを思い描けるかどうかをポイントに選びます。

結果的に、買うのはベンチャー企業の株です。その理由は、やはり2代目や3代目社長よりも、創業者の「どういう思いでこの事業を立ち上げたのか」という点に共感できて、応援したいと思うからです。創業社長は本人が大株主なので、株が上がれば自分も豊かになりますから、頑張り具合も2代目、3代目の比ではありません。

友だちとの会話もヒントになります。私の年代、つまり20代後半から30代前半は働き盛りで、大手企業を退職してベンチャーに転職する友だちが私のまわりにたくさんいます。彼ら・彼女らとの会話をヒントに、今どういう会社に勢いがあるのかということを見ていきます。

この買い方で株を買い、**心から伸びてほしい企業にお金を入れるようにしたら、私の思惑通りちゃんと伸びていって、「やっぱり株って面白いな」と思うようになりました。**

お金持ちになる知識⑰

4つの投資商品の中でベストのものを選ぶ

株、国債、ファンド（投資信託）、ETF（上場投資信託）、REIT（不動産投資信託）、NISA、iDeCo……。

投資の種類がたくさんありすぎて、どれを選べばいいのか迷ってしまいますよね。

でも、実は投資する先は「株」と「債券」と「不動産」と「コモディティ」の4つしかありません。あとはそれが国内なのか海外なのか。ただそれだけなんです。

このことを知っているから比較できるわけであって、知らないのに「今は株がよい、今は不動産がよい」などとは言えないですよね。

では、それぞれ簡単に説明しましょう。

株はもうおなじみですよね。企業が事業資金を調達するための方法のことで、株を買うことは、その企業へ資金を出資することになります。株主は優待券や配当がもらえ、株式を売却すればその対価を受け取ることができます。

株価は景気に連動して動きますが、私がおすすめしている株の買い方は、前にもお話ししたように、応援したい社長さんや企業を見つけていく買い方です。株を買うなら、できればあなたも好きな会社を見つけてほしいと思います。

債券はあまりなじみがないかもしれません。

債券も国や地方公共団体、企業などが資金を調達する方法です。株式と違うのは、運用期間と単価が決まっているということです。

例えば、10年で運用する債券があって100円という単価が決まっていれば、10年の間に需要と供給のバランスによって、100円の債券が105円になったり、95円になったりしますが、10年後の償還時には必ず100円で終わります。

途中の105円のところで買っていたら、最後は100円になるから約5%損することになりますが、その間、1年に5%ずつの金利が入ってくるのであれば、1年で回収できることになります。逆に95円で買ったら、金利も入ってくるし、最後も売却益をもらえるという仕組みです。

基本的に株と債券は逆の動きをし、株価が下がると債券価格が上がり、株価が上がると債券価格が下がるという関係にあります。

不動産は現物がある投資です。４つの中で最も金額が大きく、金融緩和なのか引き締めなのかといった政治的なことに影響を受けますし、スルガ銀行のような問題が起きたりすると、同じ物件でも価格が変わります。また不動産の価格は需要と供給で決まりますが、物件はひとつしかないので売り手の言い値が価格になります。人気の物件と不人気の物件で価格が大きく違うのも特徴です。

最後のコモディティとは、いわゆる「商品」と呼ばれるものです。小麦や原油、金などが該当し、売って初めて利益が入ってきます。

投資をするからといって、この４つをすべてやらないといけないわけではありません。私はコモディティをやっていません。保有している間のインカムが期待できないからです。小麦や金を持っている間に、ちょっとでも量が増えるとか配当があるといったことはないので、長期で持っていても複利で運用はできません。

その点、株、債券、不動産は、価格が下がっても、株主優待や利息、家賃といったインカムがちゃんと入ってきます。下がっている間は売らなければいいだけです。

あなたも時流に応じて、自分でリスクをコントロールできる投資先を選んでください。

長いものには巻かれよう！

次々にマンションを買っていた頃、不動産投資家の集まりに顔を出すと、成功者の多くは2008年のリーマンショック時代から買い始めたという人たちでした。

そういう人たちからは、「今から始めても遅いよ」「こんな金利や年数でローンを組むなんて」と言われました。実際、私の投資スタイルは、彼らから見るとそういう感じだったと思います。

でも2008年に戻れるかといえば、それは無理です。

その時々のフィールドで勝負していくしかないのですから、「じゃあ、今投資をするのに最適なものはなんだろう」と考えるべきであって、「そっか、今からじゃダメだよな」なんてあきらめてしまっては、いつまでたっても何もできません。

面白いことに、今、私の不動産投資のスタイルを話すと、「あなたはあの時代に始めたからうまくいったんだよね」という反応が返ってきます。リーマンショック時代に不動産を買って成功した人たちとは正反対の感想です。他人の意見なんて、本当にあてにならないと思いませんか。

でも、「あの時代だからうまくいった」というのは、当たっています。当時、自分の状況と時代に一番合っていると思って選んだのが、不動産投資だったからです。

仮に今不動産投資を始めるなら、自分が26歳でやったのと同じことはしません。相場状況も変わっているし、周辺の法律も変わっているからです。

もうマンションの1棟買いはしないでしょう。その代わり新耐震基準になっている平成築年数の築古戸建《ちくふるこだ》てを都内などに買って、若い20代のＤＩＮＫｓ向けにリノベーションをして売り出すのもよいと思います。

あるいは団地の1部屋を買ってきれいにフルリノベーションして売ったり、逆にＤＩＹ好きな人たちに「自分たちで好きに変えていいよ」という付加価値を付けて売るのもアリだと思います。

若い世代は「ものを持たない」とは言われていますが、やっぱりどこかに「お金がないから新築は買えないけど、マイホームが欲しい」という願望があります。その一方で「どんどん住み替えていきたい」という気持ちもあります。

その両方を満たすような住宅を、手の届く価格帯で提供するだろうと思います。

投資とはリターンを増やしていくことですから、状況に合わせた手法を使い分けていくのがベストです。

たいていの方は、株をやることや物件をひとつ買うことがゴールという感覚ではないでしょうか。

投資関係の書籍の多くも、株なら株、積み立てなら積み立て、不動産なら不動産と、それぞれの専門家がひとつのテーマで語っているものがほとんどです。

でも、私は違います。積み立てもするし、個別株も買うし、不動産も買います。

例えば株価が上がっていた２０１３〜２０１４年は、持株会や個別株をやっていました。

不動産を始めたのは金融緩和が進んだ２０１５年からです。２０１７年ぐらいになったら、不動産が買いづらくなってきたのでまた株を買い始めたり、ファイナンシャルアドバイザーとして働き始めました。

このように、その時代に何をやればいいのかということを俯瞰して考えられる知識をぜひ身に付けていただきたいと思います。

投資に限った話ではありませんが、成功する人は世の中のマクロな流れに乗ってやるべきことをやった人です。

長いものにはどんどん巻かれていきましょう！

プロの時間軸と私たちの時間軸は違う

株であれ不動産であれ、すべての投資というフィールドにはプロフェッショナルな人たちがいて、大きな金額を動かしています。

そんなところに素人が参入して、どうやって戦っていけばいいのでしょうか。

同じステージに上がって勝負したら負けるに決まっています。

ここでひとつヒントになるのが、**「プロの時間軸と私たちの時間軸は違う」**ということです。

プロの人たちは仕事なので結果を出さなければいけません。

不動産なら、一気に買って決算までに全部処分するという感じです。1年から長くて3年くらいの間に決着をつけてきます。

株式なら、機関投資家と呼ばれる人たちは数週間や数か月の単位で決着をつけてしまいます。デイトレーダーなら1日です。

つまりプロの時間軸は短いのです。

では、私たちはどう勝負すればいいのかというと、時間軸を長く取るのです。10年、20年、30年と長期的に考えながら資産形成をしていけばいいのです。

不動産は、転売を除けば短期で売買するものではないので、5年から10年のスパンで考えます。

株も、その社長の志を応援したい、事業モデルを世の中に広めたいという気持ちで買うことを考えれば、やはり長期的な見方になりますよね。

「プロの時間軸と私たちの時間軸は違う」ということを明確にしておかないと、「プロはもう売ったんだ！　じゃあ、売らなきゃ！」などと狼狽売りをしてしまうことになります。それはプロと同じステージで戦うことになり、当然勝てるはずがないのです。

さらにいうと、投資するものによっても時間軸が微妙に違います。

不動産は数年単位ですから時間軸としては長いほうです。

株はどうかというと、1つの銘柄を10年持つのもアリですが、ある程度値上がりしたら利益確定のために一部を売ることができます。つまり時間軸としては短いほうです。そこで得た利益を不動産購入の頭金に回すこともできます。

このように、**投資する先の時間軸を知り、違うものをうまく組み合わせて投資していくと、効率的に資産を増やしていけます。**

お金持ちになる知識⑱

資産は「コア・サテライト戦略」でバランスを取る

最初はつみたてNISAしかできなくても、だんだん資産が形成されていったら、資産のバランスを取っていく必要があります。その方法のひとつが「コア・サテライト戦略」です。

4つの投資先を太陽と衛星みたいな感じで「コア」と「サテライト」に2分して、

財産づくりの「コア・サテライト戦略」

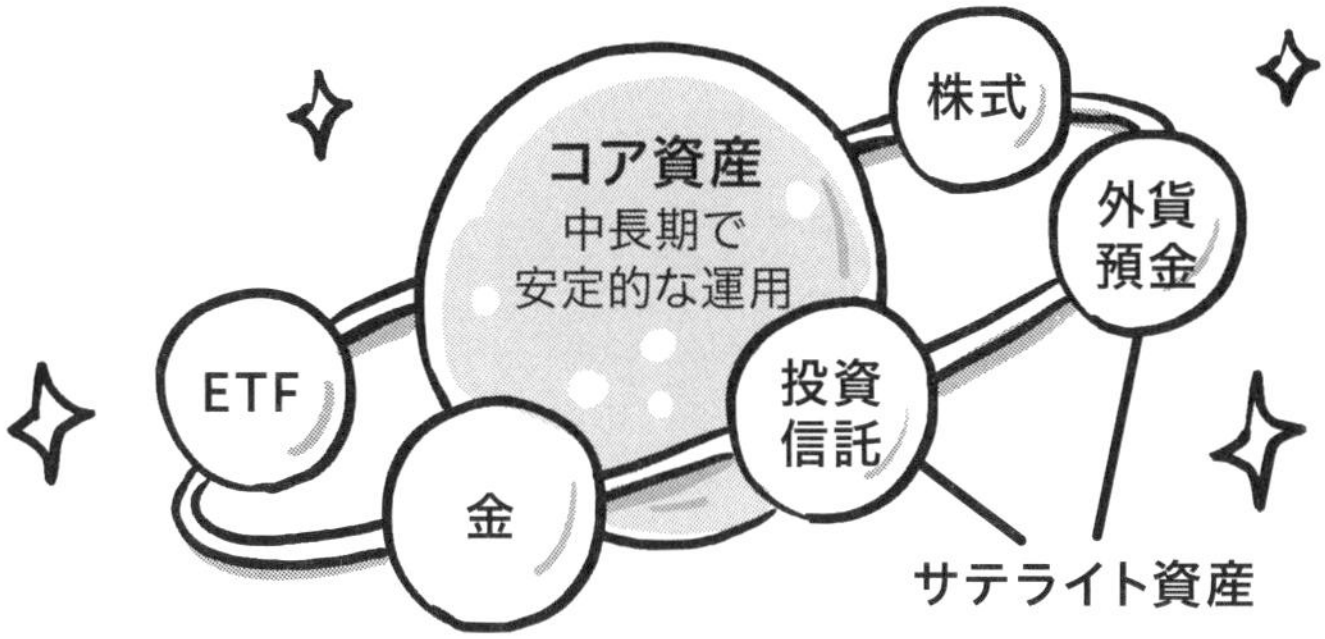

中心に「コア（核）」となる安定資産をつくり、その周囲に「サテライト（衛星）」となる資産をつくっていく。コアは債券や不動産など中長期で運用する安定したもの、サテライトは株やETF、投資信託など、リスクを取って積極的に運用するものにする。

安定した資産形成を目指していくものです。

メインのコアは、資産の核となる部分。順調にお金が入ってくるものが向いていて、債券の金利や不動産の家賃収入などが該当します。

不動産は相場で価格が変動しますが、持っている限りは家賃は安定的に入ってきます。債券も途中で売ったりしなければ、株などのような大きな価格変動はないので安定的です。

サテライトの部分は値動きがある分、ボリュームを少なく持ちます。リスクを取れますから、いくつかの個別株やファンド（投資信託）で持っておけばＯＫです！

ここで重要なのは、もし「損をした」となっても、自分の生活には支障がない金額にサテライトを抑えることです。

生活に支障が出てしまうと、投資すること自体が怖いとか、イヤになってしまいます。そうなってしまうと元も子もありません。

投資をしていると、自分の考えとは逆の結果になる場合が絶対にあります。

そうなったときに自分の生活を守るため、サテライトの金額をコントロールする必要があるのです。

第6章

お金持ちの
マインドをつくる

仕事柄、富裕層とのお付き合いが多い私は、
お金持ちの思考や習慣を学ばせてもらいました。
この章では、そうしたリッチな方たちの習慣や、
私が実践しているお金のルールをご紹介します。

人様にお渡しする お金は新券に

現在私はファイナンシャルアドバイザーとして、多くの方のお手伝いをしています。お客様には資産家が多く、彼ら・彼女らと接する中で、「資産家に共通するマインド」があることに気付きました。

最終章ではその「資産家マインド」について、私が日頃から心がけていることとあわせてお伝えします。

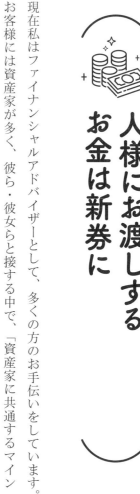

会費など、お金をどなたかにお渡しするタイミングってありますよね。
そのときにシワシワの千円札を5枚、財布の中から「はい」って出すのか、5千円の新札を用意して、きれいな封筒に入れてお渡しするのか。
同じ5千円をお渡しするにしても、相手の記憶に何も残らないのか、それとも「この人はお金を大切にする人だな」と思われるのか。５千円を使うのは同じでもそのパフォーマンスがまったく変わってきます。

だから私は、**いつもきれいなお札を手元に置いておくようにしています。**

また、自分の名前が印刷されたきれいな封筒を用意し、その封筒にお金を入れて渡すようにしています。

こうした小さな工夫は、富裕層の人たちと接する中で意識するようになりました。

私はまだ若くて、さほど経験値がありません。どうしたら富裕層の人に信頼してもらえるかと試行錯誤しているとき、ある方から「あなたはお金を本当に大事にしているね」と言われたことがあります。

私はお金の仕事をしているので、その商売道具でもあるお金自体をとても大事に扱っています。その方は、それをちゃんと見てくれていて、私を信頼してくださったのだと思います。

清潔感を大事にする

お金を大事にしているかどうか以外にも、富裕層の人たちがチェックしているポイントがあります。

それは清潔感です。

例えば私はネイルをしません。短く切って自爪をきれいに磨いています。

爪を伸ばしてキラキラに盛ったり、派手な色のネイルを塗ったりすると、富裕層の人たちからは、「仕事相手として信頼できない」と判断される場合があります。

さらにネイルが剥げていたりすると「怠惰な人」と見られてしまいます。

歯と肌と髪と姿勢も、男女問わず必ずチェックされていますよ！

爪と歯と肌と髪と姿勢は、自分でコントロールできる部分です。「可愛くなきゃダメ」とか「イケメンじゃなきゃダメ」と言っているわけではありません。繰り返しますが、大事なのは清潔感です。

結局問われているのは、自分の時間とお金をどこに使っているかだと思います。

富裕層の人と仕事をしていくなら、富裕層の価値観に合わせていくことが必要です。

かつてはお腹がでっぷりした経営者さんが多かったのですが、今は多くの方が健康志向で、ジムに通うなどして体のメンテナンスを欠かしません。

だから私も、**着飾るより健康的であることを心がけています**。

ただし、「仕事ができること」が大前提であることをお忘れなく。

自己肯定感が上がる環境に身を置く

「自己肯定感」は、昨今のキーワードのひとつですね。自己肯定感が低いと「どうせ自分なんて」と思うから、将来のことを冷静に考えられないし、自己投資ができないんです。

自己肯定感を高く持っていると、自分が価値のある人間だと思えるようになります。価値ある人間だからこそ、将来の自分のために、今の自分が何をしてあげられるかと考え、資産運用ができるんです。その結果、可能性がどんどん広がっていきます。

自己肯定感を上げようと思うなら、まず下げてしまう要素を知ってください。例えば汚い部屋、満員電車、悪口大会になるような集まりなどは、自己肯定感を下げる要素なので回避しましょう。

私は出張が多いので、どこのホテルに泊まるかなども気にします。暗い場所や暗いホテルは選びません。

次は自己肯定感を上げる方法です。神社のお参りやお墓参りなどがおすすめですが、最強の方法は「約束を守る」こと。**特に「自分との約束を守る」のは、かなり自己肯定感が上がります**。

これをやると決めたらやるし、やらないと決めたらやらない。ただそれだけのことですが、いろいろな言い訳が出てきて、つい約束を破ってしまうものです。

そのときに役に立つのが、何度もお伝えした「将来のビジョン」と「投資の目的」です。

自分との約束を守ることをひとつずつ積み重ね、「これができた自分、すばらしい！」と自分を認めるように意識すると、自分への信頼感が増し、自己肯定感アップにつながっていきます。

使うときは1万円の身になって考える

今手元に1万円があるとしたら、あなたは何に使いますか？

飲み会に使うこともできるし、寄付をすることもできるし、誰かにプレゼントを買ってあげることもできる。

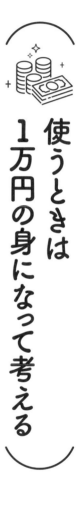

いろんな使い方がある中で、〝1万円が一番気持ちよくなる方法〟に使えば、それは「生き金」になります。**あなたではなく〝1万円自身が気持ちよくなる使い方〟を考えてほしいのです。**

相手の気持ちになって考えるのと一緒です。相手が喜ぶことをしたら、相手はあなたが喜ぶことを返してくれるでしょう。

1万円も、気持ちがいい使い方をしてあげたら、またあなたのところに戻ってきてくれると思いませんか？　ちょっとスピリチュアルっぽい話ですが、それがパフォーマンスの高い使い方、生き金です。

別に大して価値もないようなことに使われたら、1万円は「もうこの人はイヤだ」となって戻ってこないでしょう。それはつまり「死に金」です。

遊び歩くことに使えば、悪い人たちが寄ってきて足を引っ張られるかもしれないし、飲み歩くことに使えば健康を失って、かえって医療費にお金が出ていってしまうかもしれません。死に金は悪いループを呼ぶんですよね。

お金のポテンシャルを最大限に活かす使い方は何かと迷ったら、まずはお金の身になって考えることが手っ取り早いし、その結果、正しく使えると思っています。

ボクがよろこぶ
使い方をしてね！
10000
壱

10％の寄付は欠かさない

資産を築き上げることで自分が幸せになることはできますが、まわりも幸せになることでより満足感が高まると感じています。

だから、まずは自分から人に与えることをしようと思って、**「収入の10％を絶対に寄付する」**と決めて、**実践しています。**

この10％とは、不動産などで得た利益は不動産に再投資しているので、労働収入のうちの10％です。

例えばファイナンシャルアドバイザーとしての資産運用の仕事や講演、セミナーなどで1か月にいただいたお金が30万円だったとしたら3万円、100万円だったら10万円を寄付に回します。

「そんなに多額を寄付することにためらいはないの？」とよく聞かれます。

正直言って、私にもあります。

10万円を超えるような金額になると、一瞬「うっ」と思います。しかしそこを「えい！」と乗り越えて寄付したときの清々しさといったらありません。それこそお祓いに行ったくらいの、何か憑き物が取れたみたいな爽快感があります。

この感覚が精神衛生上すごくよくて、**何か悪いことがあったとしても、「今まで自分は徳を積んでいるから大丈夫」と思えるし、何かいいことあったとしても「徳を積んできたおかげだな」と感謝できます。**

またそのようにお金を手放した後は、よりよいお金を連れて戻ってくる気がします。

寄付することによって自分を整えているので、結果としていい仕事ができるようになり、よい収入が入ってくるという、いい循環に乗れる感じです。

寄付する先は、いくつかの養護施設です。

以前は「国境なき医師団」や「セーブ・ザ・チルドレン」などの団体に寄付していました。

こうしたところは窓口が整っているので寄付しやすい反面、寄付した後のお金の使い道を実際に自分では見られません。もちろん報告は届きますが、自分で確認できるわけではありません。

寄付した人たちに会いに行けるところがいいなと思っていたところ、たまたま養護施設を見学させてもらう機会があり、そうした施設の子どもたちの多くがどういう人生を歩んでいくのかを聞かせてもらいました。

子どもたちは奨学金を得て大学に行っても、生活費を稼ぐためにアルバイトばかりしなければいけなくて、まったく勉強する時間がないとか、「奨学金がもらえる」ということで行きたいわけではない大学を選ばざるを得ないとか。また犯罪の世界に流れていってしまうケースも多いと聞きました。

私の寄付できる金額は多くはないのですが、それでも少しでも子どもたちの環境を改善できることにつなげてほしい。

一緒に未来をつくっていこうよ！　そんな気持ちで寄付しています。

良い意見も悪い意見も情報にすぎない

現代は、パソコンやスマホで検索すればあらゆる情報にアクセスできます。

自分の判断軸を持っていないと、あっちの意見を聞いたりこっちの意見を聞いたりし、さらには手にした情報をすべて取り入れようとして、結果的に何もできないとか、うまくいかないという人たちがいます。

よく考えてみれば、あなたの脳の外側にあるものはすべてが情報なのです。

その情報の中から取捨選択してどれを取り入れ、自分の行動をとして実行していくかを判断するのは、あなた自身です。

「誰かが言っていたから、こうする」ではなくて、その情報をひとつの参考として、自分はどう考えるのか。**この「考える」というワンクッションを置くことが投資におい**

てはすごく重要です。

自分で考え、納得してからでないといい投資はできないし、詐欺みたいなことに引っかかってしまいます。

騙されると「誰々さんにこう言われたから」と人のせいにしたくなりますが、その情報だけを信じて買ったのも自分なのです。

〝イチかバチか〟はやらない

「投資はギャンブルだ！」と言う人もいます。

確かにギャンブル的な買い方をすればギャンブルになります。

しかし私は一か八かという買い方はしません。勝てる見込みがないからです。負け戦《いくさ》はしないに限ります。

誰かにオイシイ話を聞いて、「なんかこのファンドがいいらしいよ」「この株が上がるらしいよ」というのが一か八かの買い方です。

それで失敗して「だから投資なんかするんじゃなかった、貯金しておけばよかった」となる人が、日本人には多いんですよね。

投機的な判断で投資をしないためには、やはり〝自分で判断できること〟が必要です。

借金の「赤信号」「黄信号」「青信号」

「借金」は怖いものというイメージがありますが、「絶対に借金してはいけない」と決めつけず、ケースバイケースで考えることをおすすめします。

ひとことで「借金」といっても、内容によって「赤信号」「黄信号」「青信号」と3種類に分けられます。

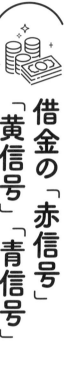

まず「赤信号」の借金は、いわゆる私たちがイメージする借金です。カードローンとか消費者金融、リボ払いなどが該当します。これは絶対にやってはダメです。もしこうした借金があるなら、資産運用を考える段階ではありません。一刻も早く完済してください。

「黄信号」は「借金はイヤ」という人でも組むような住宅ローンなどです。なぜ住宅ローンが黄色なのかというと、「自分の家が持てる」という付加価値があるからです。その精神的な付加価値に魅力を感じて、「借金はイヤ」という人でも数千万円の借金をするわけです。

そして「青信号」が、不動産投資や事業をするうえで受ける融資です。この借金が青信号なのは、返済額よりも大きなリターンが得られるからです。

企業で考えてみれば、無借金経営をしているところは少なくて、たいていは銀行から融資を受け、それをガソリンとして設備投資をしたり人件費に割いたりして、よりよい価値を生み出し、社会に還元しています。

それと同じように、不動産経営をして黒字にもっていけるのであれば、借金に臆する必要はないと考えます。

ここからは余談です。

私はマンションを6棟持っていますが、住んでいるのは賃貸マンションです。**自宅というのは年々古びていき価値を生み出さないものですから、私から見れば贅沢品なのです**。贅沢品のためにする借金は「青信号」ではありません。

私もこの先、絶対に自宅を買わないとは言い切れませんが、今は自分のステージが変わっていく中で、住みたい場所も、行きたい場所も、家族構成も変わっていくと思うから、まだしばらくは賃貸がいいなと思っています。

収入を分配する「1：1：3：5」の法則

資産は投資した金額に応じて増えていきます。だからなるべく多くのお金を投資に回したほうが資産形成には有利です。

わかっちゃいるけれど、なかなか投資にお金を回せない……という人も多いので、ここで私が自分の収入をどうやって投資に振り分けているのかを説明します。

まず不動産の賃料は、すべて次の不動産投資に回すため手を付けません。

講演や執筆など労働収入でいただくお金を「1：1：3：5の法則」で分配します。

これは私のオリジナルで、収入を1：1：3：5に4分割し、入金があったらすぐに4つの口座に振り分け、それぞれの用途に使うというものです。

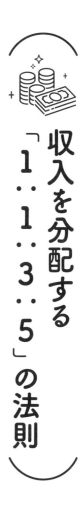

最初の「1」は、先にも書いた通り寄付です。

次の「1」は両親のために運用する分です。将来介護が必要になったときに、医療をあきらめたりしてほしくないし、人生でやりたいことはすべてやってほしいからです。今お金を渡して今使ってもらうより、もっと必要になるときが10年後、20年後にきますから、それまでは運用して、増えた分を渡そうと思っています。

「3」は、投資に回します。何も考えずに証券口座にぶち込みます。

最後の「5」が自由に使うお金で、お小遣いや生活費になります。

この割合だと収入の半分で生活しなければいけないので、正直キツイです。慣れればやっていけますが、生活のレベルをかなり落とさないとできないので、すべての人におすすめはできません。

特に寄付や、両親の介護への備えという部分は、私の人生理念に即してやっていることなので、「みんなもこうしてね！」と言うつもりはありません。

もっと取り組みやすい分配法として、「3：7の法則」で考えてみてはどうでしょう。

収入の分配例

※年収350万円、手取り20万円の独身を想定

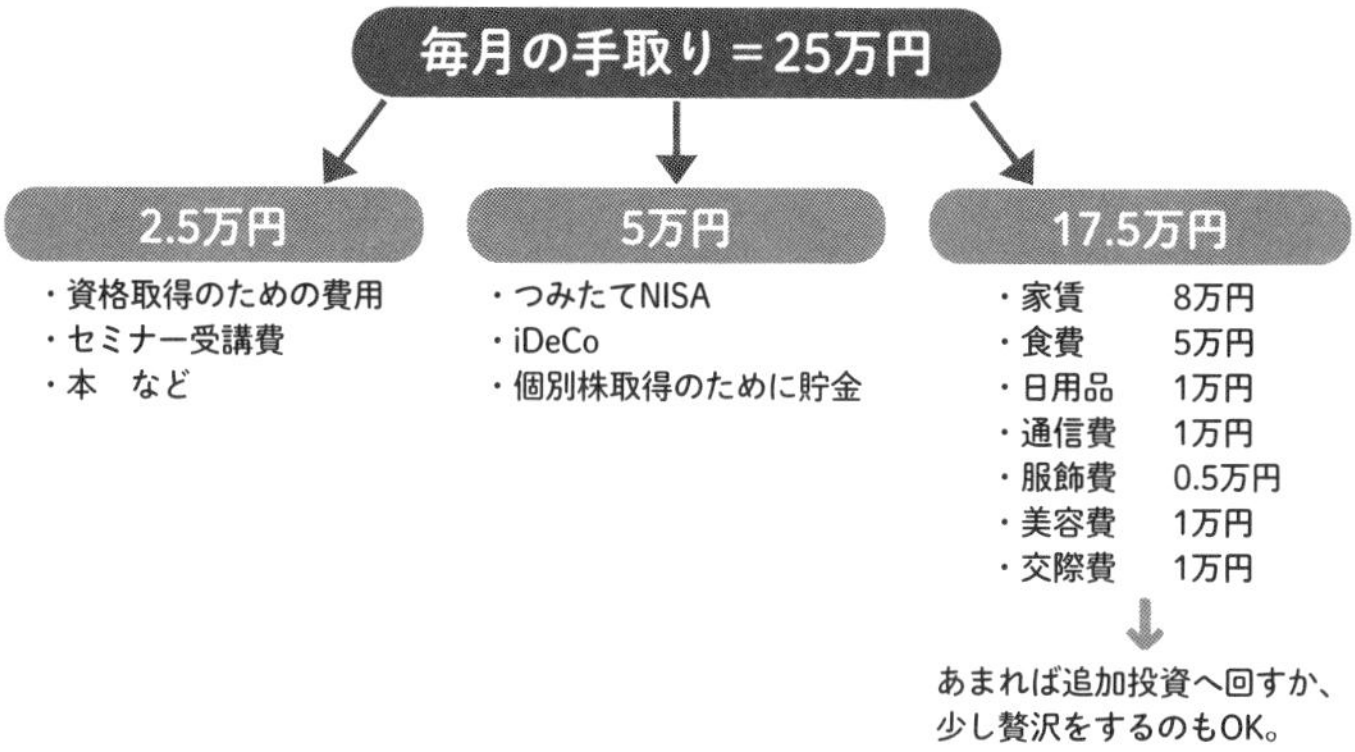

収入を3：7に2分割し、「3」を投資に回して「7」で生活するのです。

アレンジとして、「3」の部分を1：2に分けて、「1」を自己投資、「2」を投資に振り分けてもいいですね。

自己投資の「1」は自分の年収を上げるための「1」なので、本を買う、セミナーに行く、人脈を見つけるための会合に参加する、自己肯定感を上げるためにちょっといいホテルに泊まるなどなど、自己投資だと思うことに使ってください。

投資に回す「2」は、何も考えずに証券口座にパーンと入れちゃいましょう。そこからつみたてNISAをやって、30万円くらい貯まったら次に個別株を買ったりして

運用期間と利回りの効果

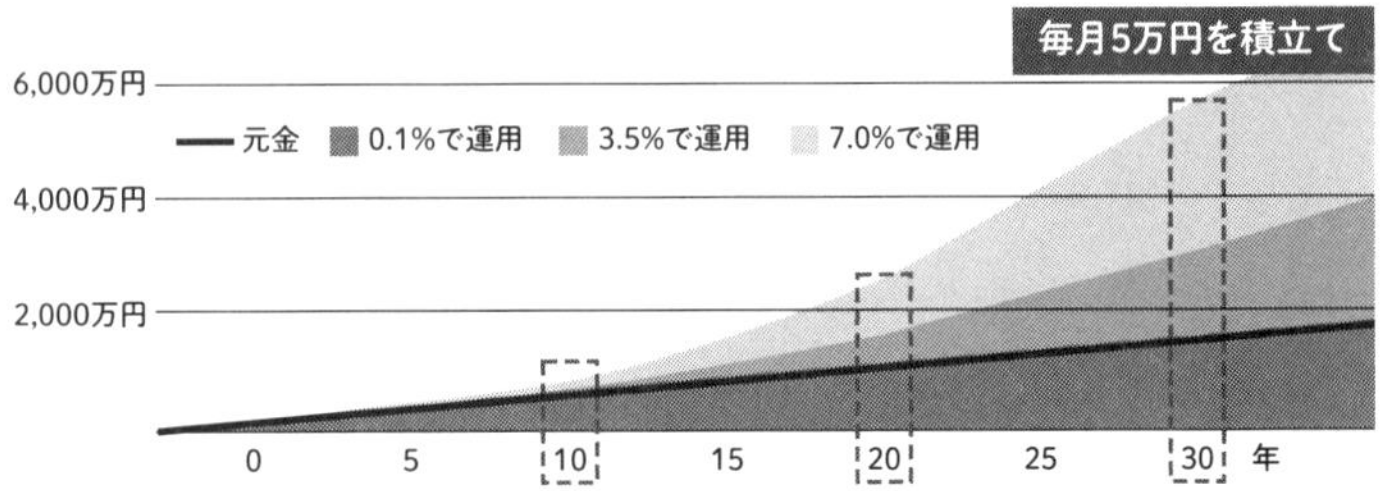

利回り＼元金	10年目	20年目	30年目
	600万円	1,200万円	1,800万円
0.1%	603万円（+3万円）	1,212万円（+12万円）	1,827万円（+27万円）
3.5%	717万円（+117万円）	1,729万円（+529万円）	3,156万円（+1,356万円）
7.0%	860万円（+260万円）	2,553万円（+1,353万円）	5,882万円（+4,082万円）

いくといいと思います。

上の表は、毎月５万円ずつ積み立てて複利で運用していくとどうなるかを示したものです。年７%で運用すれば、それだけで30年で５８８２万円にもなるんです。ある程度資産ができたところで個別株に投資したり、債券や不動産などへの運用をすれば、１億円を貯めることもまったく夢ではありません。

不動産投資というと男性のものというイメージがありますが、私はそう思いません。物件の細部に気を配ったり、業者さんとリレーションを築いていくには、むしろ女性のほうが向いていると思います。

お金が貯まれば、きっと大きな投資にも関心がわいてきます。1億円もあれば、老後の生活の心配などしなくすむと思いませんか。

重要なことは、最初に用途別に振り分けて口座に入れてしまうことです。

残ったお金で投資をしようとすると「今月も投資ができなかった……」ということになりかねません。

振り分けてしまえば後はその範囲で好きに使えますから、ストレスがありません。

やっぱりお金を使う楽しみというのはありますから、そこを無視しても続かないよなって思います。

「今後家族が増えたときにも『1：1：3：5の法則』を続けるんですか？」という質問をいただくことがあります。

私は続けていくつもりでいます。

投資を「2」に減らす、両親の「1」を子どもに回すなども考えられますが、それだったら収入というパイ全体を大きくする方向に努力します。

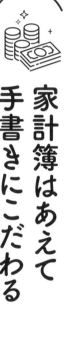

家計簿はあえて手書きにこだわる

第5章でお金の管理の仕方を学ぶために、家計簿をつけることをおすすめしました。もちろん、私もつけていますよ！　1週間に一度、レシートが溜まってきたなと思ったら、おもむろに家計簿を取り出します。

家計簿が習慣化すると、ムダ遣いが本当になくなります。コンビニや自販機で飲み物を買って少額が発生すると、「細か！」となって書くのが嫌になってくるんですよね。細かい百何円とかが乱立して、いつの間にか千円になっていたりすると「あー、ムダだなぁ」「絶対に必要でないなら買わなくていいや」と思うようになります。

家計簿をつけることは「現金に触る」時間としても大事にしています。

現在、**我が家の1か月の生活費は、家賃を除いて夫婦で15万円です**。基本は自炊で、外食なんてめったにしません。衣類も、普段はファストファッションです。時間が空いたからと、コンビニやカフェに立ち寄ったりしません。

毎月15万円を銀行から下ろしてきて、食費、光熱費など用途別に封筒に分けます。実際の買い物は基本的にクレジットカードなのですが、例えばカードで４０００円分の食費を支払ったら、食費の袋から４０００円を取り出してカード支払い用の袋に入れます。

そして月に1回銀行に行き、15万円を出金すると同時に、カードの支払い分を入金します。相殺すればいいのですが、あえて出金して入金するという面倒なことをしています。ここまでいくと、もはや趣味の域かもしれません。

なぜこんなことをしているのかというと、時代的にキャッシュレスが進み、どんどん現金を見ることが少なくなっているからです。お金がただの数字になってきているんですよね。

でも、私はお金をお金として、大事に扱いたいと思っています。

シワシワのお札があったら手で伸ばして袋に入れますし、きれいなお札があれば人

家計費を切り詰める私の工夫

・なんとなくカフェに立ち寄ることはしない
・おうちカフェコーナーを充実させる（そこで満足できるのでカフェに行かなくなる）
・そもそもコンビニに入らない
・良いものを買って長く使う
・レンタルのサービスを使う（洋服：air closet、バッグ：ラクサスなど）
・整理整頓する（同じものを重複して買うのを避ける）
・ネットショッピングは昼間にする（夜だとつい衝動買いしがち）
・現金を使わない（できるだけクレカ・電子マネーでマイルやポイントを貯める）
・投資だと思えるものにはむしろお金をかける（そうすることで節約のストレスをなくす）
・苦しくなる節約は×、倹約は○
・タクシーに乗る前は10秒考える
・いつも利用するお店、サイトは決めておき、判断するのに時間をかけない。どこのサイトが一番安いか…と比較して疲れると、結局は関係ないサイトを見ていらない買い物をしたりする。その時間と労力とお金がムダ
・スーパーに行くときはリストをつくる（必要なもの以外の「なんとなく」の買い物はしない。「安いから買う」でも、結局はいらないもののことが多い）
・生活費の項目ごとに予算を組む

に渡すために取っておきます。

現金に触れている回数が多いほど愛着がわき、出ていってもすぐに戻ってきてくれるような気がします。

以前はスマホのアプリで家計簿をつけていたこともあります。自動化できるのってすごく便利ですが、でも便利すぎて、何にいくら使ったのかを振り返らなくなってしまったんです。

それでは意味がないと思い、今はまた手書きで家計簿をつけています。自分の手で書いて、自分の字を目で見て……と五感を使うので、いくら使ったのか実感がわきやすいです。

そうはいっても手書きは面倒だという人は、まずはアプリでいいと思いますよ！

あなたのお金の現状を把握することが、まず何よりも重要です。

学んで〝何もしない〟のが一番の損失

ノウハウはいっぱいあるのに何も行動しない人のことを「ノウハウマスター」と呼ぶそうです。

確かに私のまわりにもいます！　手法にはやたらと詳しくて、私の話に細かく口出しをしてくるのに、「で、あなたはどんな投資をしてるんですか？」と聞くと「何もしてない」と答える人が……。

結局、学びすぎちゃって何がよいのか判断できなくなっているんでしょうね。

セミナーで得た知識は、そのままでは頭の中にだけある「虚」の世界です。知識に「実」をともなわせていくには、行動して実績を出していくしかないんですよね。

学ぶことはもちろん大事で絶対にやらなければいけないことですが、行動しないのはもっとダメ。何事においても、やるかやらないかってすごく大事です。

だから、やりましょう！

この本を読んだら、まずつみたてNISAを始めると決めてください。そしてネットに証券口座を開いてください。


「失敗するのが怖い」と、ずーっと迷っている人もいます。

いいじゃないですか、1回くらい失敗すれば。こう言っちゃなんですが、そんなに大した金額じゃないでしょう？

月に1万円の積み立てだったら、ちょっと飲み会に行くくらいの感覚ですよね。そこから投資の練習を始めましょう。特に投資信託は、株への投資と違って社長の思いなどは見なくていいので、ハードルは低いはずです。やりましょう。

仮に失敗しても、そこで大きな学びがあります。**1万円のセミナーに行くより、1万円投資して、1万円損したほうが得るものが大きいんですよ！** セミナーの内容なんてすぐ忘れちゃうけれど、自腹を切って損をしたことは絶対に忘れませんから。

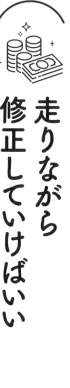

走りながら修正していけばいい

投資をするベストなタイミングっていつでしょうか。

知識が十分備わったとき？　希望の投資先が見つかったとき？　底値のとき？

それらのすべてが完璧にそろうということは、まずありません。不動産は実在するものなので日々古くなっていくし、株価だって一瞬で変わります。

不十分な状態でいいからまず始めて、やりながら修正していけばいいのです。人生と同じですね。


何よりももったいないのが時間の損失です。

「今はまず勉強だ」と投資せずに1年たってしまうより、失敗するかもしれないけれど何かに投資してみれば、お金が減ることもあるかもしれないけれど、増える可能性だって十分あるわけです。

「やらない理由」をみんな考えるのですが、考えたほうがいいのは「やる理由」のほうです。

大きな失敗をしないために、練習として小さい失敗をしておくことも必要ですよ！

退職金を何かにつぎ込んで大失敗してしまう人たちがいますが、ほとんど経験もなくいきなり大勝負に出れば当然そうなります。

早いうちに失敗しておけば、時間があれば取り返せます。

私も早いうちに１００万円を損しているから、今、この資産を手にすることができたんだと思っています。

「理念」「ビジョン」「目標」を持つ！

多くのお客様の資産形成のお手伝いをする中で、お金の使い方で社会を変えていけるんだとわかったし、いろいろと学んでいく中で「人生理念」というものが大切なのだと知りました。

私の人生理念は「愛」「真理」「上質」の3つです。

「愛」とは、自己愛、家族愛、そして隣人愛のことです。私の祖母がクリスチャンで、その祖母に育てられた母は、家族を愛し、人につくす心や他人に分け与える心を持っています。それなのに私は、どうして自己中心的に考えたり、人を傷つけるようなことを言ってしまうのだろう……。そんなふうに反省していた時期があります。その気持ちを忘れないようにし、母のように愛あふれる人になりたいと「愛」をキーワードにしました。

「真理」は、物事の本質を見極めるという意味です。株価が上がったり下がったりするときもその陰に何が隠れているのだろうと考えますし、人間関係の中でも本質的なものは何かと考えます。

また聖書では真理を「ありのまま」というニュアンスでとらえています。人の意見に左右されてしまう自分ではなくて、本当に自分らしく、自分が選択した人生を生きていきたいという意味も込めています。

「上質」は「いいもの」というだけでなく、心身がいつも豊かで満たされているイメージです。世の中全体のクオリティも底上げしていきたいと私は思っています。


この3つの人生理念を羅針盤にして、この理念に恥じない生き方をしたいと思っていますし、**何か迷ったときには思い出して、自分を取り戻すようにしています**。

第5章で2億円の融資を受けた際に、銀行の本店で支店長さんたちと話したと書きました。実はこのとき私が熱弁したのは、「絶対にこの3つから外れた生き方はしてない！」ということでした。その結果、「応援しましょう！」と言っていただけたのです。

やはり理念を大切にして、一貫した生き方をすることや、その熱量が自分や人を動かしていくことを実感しました。


生きる土台として人生理念があり、その上にくるのが将来のビジョンです。

私のビジョンは、投資家として金融リテラシーの普及に務め、かかわる人たちが物心両面で満たされた人生を送れるように貢献していくことです。

さらにその上に人生目標があります。目標は健康、人間関係、お金、仕事、趣味・教養の5つに分けて10年計画を立てます。

例えば仕事の目標なら、40歳で財団をつくって養護施設の子たちなどが安心して教育を受けられる環境をつくったり、シングルマザーの人たちのサポート体制を整えたりしていこうと考えています。

この10年計画は、毎年、誕生日の前週にひとりでホテルに籠って立て直しています。

スケッチブックを持っていって、思い浮かんだ言葉をどんどん書いていき、ひとつずつ精査して具体的な道筋を考えます。さらにそこから逆算して、この1年は何をしていくのかを決め、手帳に書きます。

ここまでやっておくと、願っていることがどんどん実現していきますし、お金のことで魔がさすようなことはなくなりますよ。

人生理念に則った投資をする

投資先を探すときは、人生理念に照らし合わせます。

自分の理念と会社の理念がリンクしているかどうかをよく検討しますし、もし人生理念に叶うとわかって投資したら、何度も言うように損しても後悔しません。

あなたにもぜひ人生理念に基づいた投資ができるようになっていただきたいと思います。

投資に限らず、私は仕事を選ぶにしても「これは本当に自分の人生理念に沿った仕事なんだろうか」と考えます。すると、やるべきでない仕事をやらなくなります。結果、いつも楽しく仕事ができます。

「そんなことをしていたら、収入が途絶えてしまう」という意見もあるでしょう。

だからこそ、すべての人が投資をして経済的な基盤を持てるようになればいいと考えています。そうなれば、お金のために仕事を選ばざるを得ない人が減っていきます。

人生を通して心からやりたい仕事を、みんながやれるようになったら素晴らしいことだと思いませんか?

そのためにも、**誰もが早いうちから資産形成を始めるべきなのです。**

おわりに

この本を執筆している間に、私たちの日常が一変しました。

新型コロナウイルスが世界で猛威を振るい、今後の景気が危ぶまれています。

しかし、ここまで読んでくださったあなたなら、もうご存じですよね。

今、何をするべきか。何をするべきでないか。

そう。いつだって「ドルコストは負けない」のです。


私たちが生きていくうえで、お金の問題は絶対に避けて通れません。

経済的に自立していれば可能性がどんどん広がっていくし、金融に対するリテラシーを持っていれば、想定外のことに見舞われても落ち着いていられます。

混沌とした現在において、私が社会に貢献できることってなんだろうと考えたとき、これまで自分が培ってきた資産形成の知識とノウハウを、たくさんの人に伝えていくことだと思いました。

まずはこれから投資を始めようという方に、この1冊を贈ります。正しい知識を身につけて、怪しい投資話などに近づくことなく、着実に資産を増やしていってくださいね。


そしてこれから私が取り組もうとしているのは、シングルマザーの人たちに向けた金融教育です。

ほとんどのシングルマザーに経済的な不安が重くのしかかっています。

収入源を確保するために再婚をし、相手の男性が子どもに暴力をふるう……という話も後を絶ちません。

もしシングルマザーがお金について詳しくなり、自分で資産を築いていくことができれば、こうした虐待を減らすことができるのではないかと思うのです。

そして、子どもたちにもお金の教育をしていくつもりです。

すでに終身雇用制度が崩壊し、大企業ですら破たんするようになった今、問われているのは個人の「稼ぎ力」です。
「お金は人から自動的にもらえるものではなく、自分で価値をつくり出すからもらえるものなんだよ」ということを小学生のうちから教え、新しい価値を生み出す思考を身に付けていってほしいと思っています。

もちろん本文でも書いたように、これからも一事業家として心から応援できる企業を見つけ、投資していきます。

これからスタートアップしていく会社に「エンジェル投資家」としてお金を入れ、その会社をＩＰＯ（新規上場）させていく、もしくはＭ＆Ａして出資先の企業をイグジット（投資回収）させていくというイメージです。

よい企業が育っていくことで雇用が生まれます。それが地方でできれば、地方に税収が入り、そこに人が集まるようになります。

そもそも地方に仕事がないからみんな東京に出ていって、一極集中が起こってしまうんですよね。地方のよい企業を育てていくことは私の中で重要なテーマです。

お金の使い方ひとつで、世の中をよくしていける。

こういう私の考えに対して「所詮《しょせん》きれいごとだよね」という意見があることはわかっています。

でも、きれいごとで生きていければ問題ないじゃない？　って思うんです。

世の中全部がきれいごとだけになったら、みんなが幸せになります。

だから私は、きれいごとで成功したいと思っています。


そうそう、私が不動産投資を考えるきっかけになった例の地元のホテルについて、後日談があります。

家族でご飯を食べにいっていたホテルは、持ち主が変った後、大成功して有名なドラマの撮影にも使われています。

ゴルフ場があった祖父との思い出のホテルは、そのホテルを経営していく方といろいろなご縁でつながり、私も投資という形で応援させていただくことになりました。

私が直接買うことはありませんでしたが、２つとも結果的によい形で決着がついて本当に嬉しく思います。

最後に、今回の出版にあたっては、たくさんの方々のお力添えをいただきました。

不動産投資を志した当初に著書を拝読し、上京して即会いにうかがった私にたくさんの機会をくださった星野陽子さんを始め、そこからお会いできたたくさんの大先輩方。

ファイナンシャルアドバイザーとして独立し、何の看板もない私を信用してお任せくださるお客様方。

発展途上な私を奮い立たせてくれる、オンラインサロン「ｅｍ会」のメンバーさんたち。

厳しくも愛情深く育ててくれた両親、心の支えとなってくれる妹たち。

まだまだ書き切れないたくさんの方々に、本当に育てていただきました。

そしてＳ先輩。ここまでやってこられたのはすべてあなたのおかげです。かけがえのない存在です。心から感謝しています。ありがとう。

そして今回の出版のきっかけをくださいました飯田伸一さま、本書の編集担当であるビジネス社の山浦秀紀さま、編集協力をしていただきました有留もと子さま。

みなさまのおかげで素敵な1冊ができあがりました。感謝申し上げます。
そして最後まで読んでくださったあなたにも、心からお礼を申し上げます。
たった一度の人生です。
資産をつくり、そのお金であなたの志や夢をどんどん叶えていってくださいね！

八木エミリー

2020年6月

［略歴］

八木エミリー（やぎえみりー）

愛知県出身。日本女子大学理学部卒業後、2013 年に野村證券株式会社に入社。顧客開拓に務め、初年度で東海地方 1 位の営業成績を獲得。新入社員でありながら、顧客向けセミナー講師として全社史上初の大抜擢。2013 年より株式投資を始め、2015 年、26 歳で不動産賃貸業に初挑戦。以降、順調に業績を伸ばす。2017年より独立系ファイナンシャルプランナーとして活動を開始。主に富裕層向けに資産活用のアドバイスを行うほか、ソフトバンク、オープンハウス、ロームなど一部上場企業の社員向けセミナー講師としても活躍。また、オンラインサロン「em 会」を主宰し、金融知識の啓蒙に務めている。すべての人が金融の知識を活用することで経済的に独立し、よりよい社会が実現することを目標に、活動ジャンルを広げている。

公式ホームページ　https://yagi-emily.com/
Facebook　https://www.facebook.com/profile.php?id=100022134409012
Instagram @emily_yagi
LINE オフィシャルアカウント　https://lin.ee/oE8wnki

オンラインサロン「em 会」　https://lounge.dmm.com/detail/2386/

今からはじめれば、よゆうで1億ためられます！

2020年 7 月 1 日　　第 1 刷発行

著　者　八木エミリー
発行者　唐津 隆
発行所　株式会社ビジネス社
〒162-0805　東京都新宿区矢来町114番地 神楽坂高橋ビル5F
電話　03(5227)1602　FAX　03(5227)1603
http://www.business-sha.co.jp

〈装幀・本文デザイン〉谷元将泰
〈イラスト〉林香世子
〈編集協力〉有留もと子
〈協力〉合同会社 DreamMaker
〈本文組版〉茂呂田剛（エムアンドケイ）
〈印刷・製本〉中央精版印刷株式会社
〈営業担当〉山口健志 〈編集担当〉山浦秀紀

ISBN978-4-8284-2197-1